德国
幼儿教育
成功的秘密

近距离体验德国学前教育理念
与幼儿园日常活动安排

庄琳君 著

中国青年出版社
CHINA YOUTH PRESS　中南文库馆

图书在版编目（CIP）数据

德国幼儿教育成功的秘密：近距离体验德国学前教育理念与幼儿园日常活动安排 /
庄琳君著. —北京：中国青年出版社，2020. 5
ISBN 978-7-5153-5946-5

Ⅰ.①德… Ⅱ.①庄… Ⅲ.①学前教育—案例—德国 Ⅳ.①G619.516

中国版本图书馆CIP数据核字（2020）第025642号

本书通过四川一览文化传播广告有限公司代理，经台湾野人文化股份有限公司
授权出版中文简体字版本。

德国幼儿教育成功的秘密：
近距离体验德国学前教育理念与幼儿园日常活动安排

作　　者：庄琳君
责任编辑：周　红
美术编辑：杜雨萃
出　　版：中国青年出版社
发　　行：北京中青文文化传媒有限公司
电　　话：010-65511272/65516873
公司网址：www.cyb.com.cn
购书网址：zqwts.tmall.com
印　　刷：河北华商印刷有限公司
版　　次：2020年5月第1版
印　　次：2020年5月第1次印刷
开　　本：787×1092　1/16
字　　数：150千字
印　　张：15
京权图字：01-2019-5064
书　　号：ISBN 978-7-5153-5946-5
定　　价：49.80元

目　录

【推荐序】

这本书令我拿起来便放不下来，我全力推荐它　/ 洪兰 / 011

不一样的教养、教育观与政策，值得冷静深思　/ 周淑惠 / 014

孩子的每一步学习，都是为独立做准备　/ 江束 / 019

心宽，路更宽　/ 江兰芬 / 022

回应生命发展需求的德国幼儿教育方式　/ 罗宝鸿 / 026

借鉴德国幼儿教育，磨练孩子生存与发展能力　/ 彭菊仙 / 029

从德国幼儿园教育现场，启发不一样的教养观念　/ 张美兰 / 031

【自序】

身为教育工作者的十年自省 / 035

Part **1**
第一部分

打底！帮孩子建构内心自画像　/ 041

——要先探索自己、了解自己，才能相信自己

第一章　建立自信，从认识自己开始　/ 043

——真正的自信并非来自完美，而是正视自己的优缺点

成绩好、多才多艺，孩子就会有自信吗　/ 044

德国父母这样想　没遇过难题的孩子无法生出自信和勇气　/ 045

第二章　德国父母精准的赞美态度，教出自信而非自满的小孩 / 049

德国老师这样做　孩子做得到的事，德国人不过度赞美，只会点头肯定 / 050

第三章　尊重孩子个别特质，不以统一标准来衡量 / 053

——孩子该学会的是珍视自己的价值，而不是符合大人理想标准

德国父母这样想　孩子"想做"才会做得好，也才能真正对自己负责 / 054

找到孩子发光发热的特质，比优秀来得重要 / 057

第四章　快乐会带来无限的学习能量 / 059

——让热情全速点燃孩子的学习动机

快乐学习不难，要让孩子将快乐内化为学习热情，需要时间和空间 / 061

德国老师这样做　过度注重学习成效，只会让孩子失去学习热情 / 064

第五章　开放式教育的教学现场，最直接的震撼 / 068

——相信孩子的能力，练习不担心

德国老师这样做　从内心传递"你相信他做得到"，给孩子勇于挑战的力量 / 070

收起自己的担心，鼓励孩子"要再试一次吗？" / 071

第六章　男孩日/女孩日-孩子们的职场初体验 / 075

——跨越既定性别印象，德国成功的双轨制职业技能教育

男孩日/女孩日职场体验，可不是玩宝贝老板 / 078

从小扎根的职业技能教育，是德国竞争力的基础 / 080

Part **2**
第二部分

助跑！德国优质教育全方位能力养成之道 / 083

——创造环境、给孩子练习的机会，贯彻"细节成就一切"的铁血教育

第七章　生活自理＆自豪与独立 / 085

——不因为赶时间、嫌麻烦，而剥夺小孩的学习机会

德国老师这样做　用鼓励代替纠正，让孩子保有"我做到了"的成就感 / 086

德国老师这样做　长期作战的心理准备：就算孩子要赖发懒，一点都不让步 / 088

德国老师这样做　让孩子轻松学穿脱衣物，成功达成的三大关键 / 090

第八章　仪容整洁＆人缘与自信 / 095

——如何维护个人基本卫生，也是学习自理的一部分

教育这件事，父母不能只是期待老师认真 / 097

帮孩子打理服装仪容，传达的是父母疼爱的心意 / 098

第九章　勇敢说不＆坚持与毅力 / 100

——任性？有主见？是独立意志的一体两面

德国老师这样做　过度安抚和一味斥责，教养不出勇敢独立的孩子 / 101

德国老师这样做　别教出妈宝，从容应对2～3岁"第一个成长叛逆期" / 104

——包容孩子难搞的情绪与个性，但教养原则绝不退让

第十章　化解冲突＆捍卫自己 / 107

——面对可能的校园霸凌，德国人这样培养孩子解决问题的能力

德国父母这样想　1~3岁孩子咬人、抓人、拉头发，是本来就会发生的事 / 108

不想接受别人的游戏规则，就得自己想办法 / 109

（德国老师这样做） 不过早涉入孩子纷争，退一步观察行为始末 / 111

（德国父母这样想） 铁了心不出头，孩子必须学会捍卫自己 / 114

第十一章　孩子的发言权＆社交自信 / 117
——鼓励孩子用自己的方式和世界对话，培养独立思考的能力

（德国老师这样做） 教育指南第一条：不要指导孩子该怎么看这个世界 / 118

（德国老师这样做） 孩子的意见都会被认真聆听，而不只是形式上的开明 / 121

第十二章　生命教育＆爱与付出 / 125
——爱是重要能力，无处不在的生命教育

（德国老师这样做） 爱小孩，也教他学会去爱 / 130

第十三章　责任感＆做好该做的事 / 133
——从小开始以赞美鼓励，强化孩子的责任心

（德国老师这样做） 孩子帮倒忙时，以鼓励"做到"代替责怪"做错"的地方 / 134

（德国父母这样想） 让孩子承担行为的后果，不要轻易帮忙解困 / 136

第十四章　犯错与认错＆高情商应对 / 140
——别让孩子只记得你情绪失控，而不是他犯错的行为

（德国老师这样做） 让孩子体验犯错的后果，才能有效导正行为 / 141

（德国老师这样做） 别打骂！否则孩子学到的是错误的情绪处理模式 / 143

体罚，从来不应该是教育里的一种手段 / 145

Part 3
第三部分

茁壮！会玩才是真本事 / 151

——德国幼儿园的日常规矩与作息

第十五章　德国Kindergarten，孩子们的秘密花园 / 153

幼儿园＝专属孩子培养创造力和想象力的成长花园 / 154

德国父母这样想　不是叮咛孩子"上课要认真！"而是"要玩得快乐！" / 156

第十六章　家长们的入园面试 / 161

——签约入学，让家长也承诺以幼儿福祉为考量，绝不让步

德国老师这样做　坚守入园时间，希望确保孩子有规律的生活作息 / 162

德国老师这样做　和家长面试，以合约落实"以孩子为主"的教育精神 / 165

第十七章　从入园第一天谈起 / 167

——看德国老师如何帮助新生适应环境

德国老师这样做　入园第一个月暖身期，建立孩子、老师、家长互信关系 / 168

德国老师这样做　适应期长短，完全取决于孩子的状况 / 170

第十八章　每日晨间的户外探险 / 174

——绝对重要的自由玩乐时间，玩出创造力

第十九章　德国幼儿园的"无玩具日" / 180

——让孩子狂动脑筋，聪明玩

德国老师这样做　开放式的无规则游戏，让孩子的能力充分释放 / 182

第二十章　幼儿瑜伽课 / 184

——学才艺，不是为了成就将来

瑜伽运动，帮助认知身体和情绪教育，练习放松、专注，
内化成孩子内心稳定的能量 / 185

德国父母这样想　要不要学才艺？学什么？完全取决于孩子 / 187

第二十一章　走！两岁幼儿学搭公交车出游 / 192

——超级校外教学，小孩的多重学习任务

德国老师这样做　轮流让大孩子带队，亲身经验比耳提面命还有效！ / 193
过度使用推车让孩子长不大，两岁以上的孩子请向它说拜拜 / 195

第二十二章　爸爸妈妈，游戏约会是一定要的好吗 / 200

——五岁开始在同学家过夜，德国父母理性应对

德国父母这样想　请老师协助观察学校玩伴，帮孩子安排游戏约会 / 201
德国父母这样想　慎选留宿同学的家庭，比几岁开始留宿更加重要 / 205

Part 4
第四部分

呵护！孩子眼中的未来，远比父母想象中的更绚丽多彩 / 209

——放手让孩子长大，父母也别忘了随之二次成长

第二十三章　让孩子从小事练习做决定 / 211

——学习过程中，让孩子自己掌握方向盘

德国老师这样做　尊重孩子的学习意愿大过家长的选择 / 212
一边放手让孩子做决定，大人也必须一边留意何时该踩刹车 / 214

第二十四章　孩子和家长，双向沟通，双向学习 / 218

——关于老师和家长的自我成长

当大人停止成长，和孩子的代沟只会越来越大 / 219

双向亲子沟通，除了倾听，更关键的是要听懂 / 221

第二十五章　无论是谁，都无法一直赢下去 / 224

——有正向快乐的心，才能是真正的人生胜利者

人生不能用单一标准衡量，也绝对不该只有单一目标 / 226

看清楚自己，才能走对方向，迎向快乐 / 228

第二十六章　和孩子的每日"单独约会"时光 / 231

——暂时放下琐事，全心全意地陪伴孩子，亲子关系大跃进

德国父母这样想　坚持工作家庭平衡，陪孩子的时间不能被打扰 / 232

单独约会模式，让孩子的心快乐得跳起舞 / 234

这本书令我拿起来便放不下来，
我全力推荐它

文／洪兰

（著名教育家，加州大学实验心理学博士，认知神经科学家）

这是我所看到写得最好的一本有关幼儿教育的书。作者把幼教的目的、精神和实施的方法，通过一则则的教学实例，让读者一目了然，知道怎样教才能教出有品德、守纪律、不乱发脾气的孩子。

游戏是孩子的天职，我们在实验中看到，游戏和阅读是使大脑神经连接绵密最好的两个方法。

游戏时，它是想象力的发挥，例如书中"无玩具日"，小朋友用一个破纸箱玩得不亦乐乎。想象力是创造力的根本，当神经连接得很密，电流在通过时，容易触发旁边本来不相干的神经回路，出现我们所谓的"触类旁通、举一反三"的现象，而它就是创造力。

游戏可以培养孩子的合群精神和领袖能力。

游戏是学习人际关系的好机会，孩子透过游戏，学习进退，应对与别人相处。最近的研究发现，如果小时候没有与别人一起游戏的孩子，长大后会变成宅男，只能和计算机玩。因为只有计算机可以任你打骂诅咒，一开机，它又理你了。

21世纪是个讲究团队精神的世纪。在职场中，人常常不能选择他的同事，而团体中，一定有欺善怕恶、只说不练的人，与这些人相处需要智慧与经验。书中有两个很好的例子告诉孩子一开始被霸凌时，就得反击回去，让对方知道自己是不好欺负的。父母总是比孩子年长，不可能跟在孩子后面保护他一辈子，孩子要学会如何保护自己，才是正道。

孩子要能体会别人的感觉，才会产生同理心，使霸凌的行为消失，如书中霸占滑梯不让别人滑和不让别人进小木屋去玩的事件，都是让我们反思的例子。同理心要教、要培养，因为从演化上来看，人性是自私的。大自然的生存竞争是很残酷的，自己多吃一口，就可以多活一天，所以有"人不为己，天诛地灭"；但人又必须群居靠众力，才能生存，连离群索居的动物都会是别人的晚餐。所以又必须要有利他的精神，如野柳的林添祯舍己救人的义行。这自私和利他的平衡要靠教育。

书中最让我感动的是德国人对时间的尊重。九点进学校，若是迟到了，九点半还有一次机会，但是九点三十一分门便关起来了，不接受学生了。在书中，有对父母因为这个严格规定老师不肯通融，很不爽，讲了一句"因为你没有孩子，所以你不了解"，当场质疑老师的专业。园长知道后，立刻处理，要父母道歉，用行动支持老师。

这个例子让我看了心有戚戚焉。现在学校管理，强调家长的参与和配合，尤其是有些家长会找民意代表撑腰，所以校长不敢得罪家长，老师为了保住饭碗，只好忍气吞声。其实孩子只听他尊敬的人的话，如果家长不尊敬老师，老师讲的话孩子不会听，教育就失去了功效。

目前会议或讲座守时的情况已比以前好了很多，但是很多次，我去演讲时，主办单位还是会要求我延迟十分钟开始，因为还有人未到。我都不愿意，因为这样做就是惩罚准时的人，这样做，下一次，原本准时的人也就不准时了。

看到德国的幼儿园能这样坚持原则，就了解德国会强盛的原因。一个国家是否强大，不能光看他的领土有多广、人民有多少，还在于他人民的素质有多高，国民的素养就是决定一个国家强盛最重要的因素。

品德的学习是模仿，是从小耳濡目染形成的。守时的好习惯一定可以做到，只要我们有决心。像现在酒驾现象，有了大幅减少，就是采取了严厉的处罚措施。只要政府下决心执行，全社会充分认知，拒绝酒驾已然成为风气，喝酒不开车，或者找代驾，所以事在人为，有决心就办得到。

这本书令我拿起来便放不下来，是一本非常好的教育兼励志的书，我全力推荐它。

不一样的教养、教育观与政策，值得冷静深思

文／周淑惠

（幼儿教育专家、教授）

学幼儿教育的我，深深被这本书的某些教育理念所吸引，也令我反省幼儿教育、父母教养与教育政策现况，故而行文推荐。

首先谈到父母教养观。

我们的家长在望子成龙、望女成凤心态下，总是坚持"不要输在起跑线"的教育观点，太重视低层次认知的读写算技能与拼命填塞的才艺教育，孩子从小就被拔苗助长。常见孩子背着沉重的各式才艺书包，马不停蹄地赶场，被要求在亲朋好友面前"炫耀"能背多少诗词、认多少字、心算多快等，而孩子们个个显得无精打采、失去孩童应有的光泽。殊不知人生很长如马拉松赛跑般，虽是"不要输在起跑线"，更重要的是，不要累死在"中途"或"终点"。

不必提及深奥的学术研究，其实从生活中亦可明白：**动机是任何学习的引擎**！在马拉松中，要全程坚持跑完，取决于孩子拥有跑

的动机才能持续奔跑。确实，孩子有兴趣的事物才会有学习动机与热情。书中讲到德国家长重视孩子的动机，"想做才会做得好，也才能真正对自己负责"，正是印证了这个道理。

能顺利跑完人生马拉松，尚取决于孩子的全人均衡发展，因为唯有知情意全面均衡发展，才能在困难与心力负荷时，智慧地面对解决与坚持忍耐。本书在第二部分专门论述**优质教育全方位养成之道——创造环境、给孩子练习机会，贯彻细节成就一切的铁血教育，包括让孩子练习生活自理、自信、独立、人际互动、坚持有毅力、思考与解决问题、具责任感与高EQ应对等，涵盖了全人身心方面，是整个"人"的养成**。的确如此，在马拉松赛程中，除了自己有动机想要跑，而且还要身心健全发展如独立自信、坚持有毅力、高EQ与解决问题等，才能在人生马拉松赛程中愉悦地坚持到终点，不会中场退出或累死在终点。

书中所提到的德国幼儿园认为，过早或过度地让孩子学习读写，不给孩子充分的玩乐时间，会实质削减孩子往后一生的学习力。上述所说都是极简单的道理，然而，多数家长们似乎视而不见或知而不理！我们的家长似乎只重视低层次认知的读写算表现，轻视高层次认知的解决问题能力及情意方面如自信、人际关系与责任感等的培养；甚至变身成所谓的"直升机家长"，太过于保护自己的小孩。举例而言，当孩子游戏抓伤、咬人、吵架时，马上介入，甚至认为幼儿园老师或园方处理不当，兴师问罪、究责大闹……其实这样只会让孩子失掉练习面对与解决问题或人际关系技巧的机会，失去独立自主性，养成一堆"妈宝"，而成人也做了最坏的示范。

家长太过于保护孩子不仅是在孩子的人际生活方面，也在于保育照顾方面。担心孩子感冒生病，下雨天、艳阳天不出门，害怕孩子跌倒受伤，不准攀高甩荡。我记得以前在国外当助理幼教老师时，无论是下雨、下雪，每天早上都会让孩子出去户外游戏至少四十五分钟，虽然孩子在穿脱雪衣雪靴、擦拭与清理身体上花了不少时间，教师还是会坚持，因为户外探索游戏与身心灵的释放对孩子的发展是非常重要的。

书中的德国父母也是一样，认为"要先探索自我、了解自己，才能相信自己"，孩子就是在一次次的体能探索如攀爬登高中，了解自己的能力，建立了自信心。我个人也非常赞同日本知名游戏场专家仙田满的说法，**要提供孩子最小的危险，才能让孩子从体验危险中，学会如何保护自己，而免于更大的危险**。只可惜大多数家长害怕孩子受伤，因此提供太过于保护与安全的环境，或是不让孩子参加具有潜在危险的活动，殊不知爱之反而害之，让孩子失掉学习保护自己与从中获得自信的机会。

其次论及幼儿园的教育与"园家关系"。

近年来人口出生率不高，多数幼儿园必须自负盈亏，在资源有限、生存危机环伺下，自然以商业利益挂帅，取悦一般家长、满足其需求。因此在课程与教学上倾向读写算能力的教授，幼儿园沦为小学先修班；在人际生活与保育照顾上过度保护孩子的家长风潮也影响了幼儿园，随之起舞，一切满足家长"顾客"需求，以致形成专业流失、亲职不彰、错误教育、课程沉沦等严重现象，亦即"园所—家庭关系"沦为商家与顾客关系，失掉教育上的神圣使命立场，十分可悲！

就此，我非常佩服书中德国幼儿园做法，不管公立或私立，都是实现"孩子的花园"梦想，一切以全体幼儿福祉为准，绝不让步。入学前，家长接受面谈，并签约入学，如违背约定则坚持合约所订，甚至退学，温和但坚持。书中提到早上来园时间超过一点点都不允许，规则就是规则，何况是立了约定，就得遵守。这样的铁血做法与"园家关系"才是幼儿教育机构应该有的角色，也才能真正力行优质教育。我也很佩服德国忙碌的家长们多能配合园方规定，因为一切都是为了孩子的福祉。

其实幼儿的学习就是在生活中、大自然中与游戏中进行的，这是学幼教的人都耳熟能详的，但是在幼教现场真正落实的实在有限，因此对于目前少数能以在生活与游戏中学习为取向的幼儿园，我都特别的欣赏。

我也很嘉许书中提到德国幼儿园的实例，如两岁娃儿学搭公交车出游去、每日晨间的户外探险、无处不在的生命教育、面对可能的校园霸凌化解冲突与捍卫自己、每日仪容整洁也是学习自理的一部分等，这些都是在生活与游戏中学习的，以两岁幼儿搭公交车为例，对幼儿而言，这是多么刺激啊！在过程中无论是马路上、公交车上或目的地都有太多的生活事物开阔了孩子的眼界并等着他们学习。**而户外探索更是非常令人赞叹的学习情境与契机，探索与游戏**

界限很难划分，无论是在大型游戏组合设施上或是园林树丛虫草间，都有太多的事物让孩子因好奇、惊艳而探究与游戏，或利用大小地势空间与物材进行孩子间的扮演游戏，从中不仅探索了自己、锻炼了身体，也探究了各种事物，科学概念因而产生，人际互动技巧就此增长。面对现阶段多数幼儿园有如小学先修班倾向的教学，实在值得我们深思。

最后，值得一提的是，书中的职场初体验设计。这是一种从小扎根的职业技能教育，十到十五岁的小孩，就可以开始每年选择到各行各业见习、实作，体验职场生活，让孩子有机会了解自己的工作性质和方向。因此到十六岁选校，大部分孩子都已大概清楚未来志向。选择职业技能教育者，每星期在校上两天理论课，其余时间则在业界实习，公司除严格遴选外，也会加以培训，足以胜任者可以被留用。而且职校筛选也很严格，约只三分之一能顺利毕业，所培养的是具有专业实战能力的人，诚如作者所言，从小扎根的职业技能教育是德国竞争力的基础。反而大学学历在职场并非那么地受重视，大学毕业生只占总工作人口18%。这也让我们回想多年前，职业学校纷纷升格成技术学院，后又升格成科技大学，好像升格成大学才是唯一之道；然而这两年由于招生人数减少，许多大学，尤其是有些专业可能又要面临退场命运，这好像是开了一个玩笑。其实政策是可以预先好好规划的，"从小扎根的职业技能教育"值得教育管理者关切、思考与借鉴。

孩子的每一步学习，
都是为独立做准备

文／江束

（幼儿园园长）

从事幼儿教育约三十年，我从担任老师到自己开立园所；在教学历程中试验蒙台梭利、福禄贝尔等各式教育的精神、分科教材，到担任园长确立自己园所的定位、教学特色、强化快乐学习等愿景。我们没有选择标准教科书，希望孩子们从生活经验中提升自我成长的技能，透过角落教学，让孩子"择其所爱，爱其所择"，因为我们也认同"孩子的每一步学习，都是为了独立做准备"。

这也是为什么，当我收到出版社来信邀约推荐时，尽管万分忙碌，仍然决定挪出时间来撰文推荐，原因无他，因为作者庄琳君笔下的《德国幼儿教育成功的秘密》，和我经营多年的幼儿园的教学理念竟如出一辙。

作者提到德国老师、爸妈具备以下特质，其实在我们这里有些幼儿园的老师与家长也都具备了：

1. **有很强的心脏，远远看，放手让孩子尝试。**我们每年都会在固定时间举办户外采花生、挖地瓜的活动，让小托班（2岁）到大班（5岁）的孩子一起实作，从较小的孩子滚土、挖土、抓鸡母虫、全身脏兮兮，挖采的花生、地瓜几乎屈指可数，到大班的孩子已能挖采满满一袋满载而归，这就是一种学习，一种放手不去指导的学习。

2. **有很大的耐心，让孩子慢慢学会长大，慢慢尝试并且确认自己的兴趣。**我们允许孩子有许多兴趣，不论音乐、美劳、积木、阅读，从进园开始到毕业，孩子终究会从几年的尝试中确认自己的兴趣。

3. **唯一觉得不能输在起跑线的是：培养孩子的社交能力。**这一点其实就是孩子的EQ人际相处，孩子会透过跟同伴相处，理解个体与全体间的差异、个人与团体间互为尊重的重要。作为教育工作者，当我们看到的是每个孩子个别的特质、尊重每个孩子的差异，那么就没有所谓优秀学生的复制了。

近些年我们兴起效仿、学习芬兰教育、美式教育、英式教学、德式教学，其实这些国家里的教育核心都离不开"会玩真本事"，我跟作者琳君有很深的体会及共识，我们在意"全人教育"的养成，入园前我们会与家长面试并签约入学，孩子的权益及福祉绝不让步；每日晨间全园共读共学及律动或运动、户外探险、公园大自然探索；精实有趣的户外教学（参观警察局派出所、消防队、采柚子、采花生、挖地瓜），让孩子学习多重生活经验；德国的play date是五岁开始让孩子在别的同学家过夜，我们则会把家长跟孩子带到户外露营，体验不同的生活及参与不同家庭的生活方式。

当我们不再把"玩"只当成"玩",当我们不再企图复制"完美"的优秀学生,当我们不再时时当"直升机父母",我们就能渐渐地用正向、适度的赞美鼓励,引导孩子热情、自信地成长,培养出健康、快乐、有自信的孩子。

心宽，路更宽

文／江兰芬

（英语培训学校校长）

一个正气感和热忱十足、留学英国的教育硕士，在英语补习班里有过几年的小学英语教学经验的年轻女孩，是凯特给我的第一印象，在面试、试教后从我小学部的兼职英语教师开始结缘。我们对孩子有同样的爱，对教育有同样的热诚，希望孩子们在繁重的课业之下可以开心地学习英文；分享讨论教学方法还有协助孩子克服学习压力，是我们最常讨论的议题。在小学生眼中的凯特老师，是个亦师亦友，又爱又怕的好老师！在我心中她是一个愿意为孩子成长不断进修、愿意改变自己的教育伙伴，因此很快地就成为我学校的专任教师，进入了幼儿教育的领域。

什么是教育？从字面上来解释，"教"是使其变好、"育"是使其长大。孩子是社会未来的主人翁，人们的未来都建构在孩子身上，每一个教育工作者与父母，是否有一样的认知，要成就一个更棒的自己，愿意为孩子更好而不断学习，甚至改变自己？！

而凯特，就是有这样信念的一位老师。

刚开始教幼儿园，是她教职生涯很大的挑战，从她熟知的语文教育，进入全新的幼教八大智能、五大领域的教学及幼儿的心理行为发展，她扩大了自己专业的框架，用心站在孩子的角度来观察孩子的需求，也看到了自己的不足，进而不断地进修与调整自己，设计出符合幼儿的教案与活动。

我们目前的教育正处在很矛盾的阶段。传统东方教育玉不琢不成器、打骂教育、精英教育，在这个时代已被打破，**我们受到西方教育的熏陶，开始朝向尊重人权、重视孩子个性化发展与多元学习发展，但却忽略了西方教育很重要的精神——"独立与承担"。**

教育的终极目标何在？不就是希望孩子成年后能独立生活！

但现在的家长尊重孩子、顺从孩子，孩子遇到困难或挫折、犯了错误，家长就出面摆平、承担，认为那是父母对孩子的爱，殊不知当我们剥夺了孩子练习的机会与承担解决事情的空间，孩子们就无法在每个事件中检讨修正，进而学习成长。孩子的茁壮不就是在一次又一次的经验中学习？过程中需要的是我们的陪伴跟支持，而不是取代他们去做。

深知这些偏颇发展的凯特，在教育孩子的过程中，总是耐心地引导，温和而坚持地引领孩子做每一件他们该做的事，温暖地鼓励遇到挫折的孩子，陪同孩子一起找到解决问题的方法。

这样一个优秀的老师，因为一份异国姻缘远嫁德国，所有的家长、学生、同事虽不舍，但都给予她满满的祝福。对孩子的爱不因为时空有异，带着这份热忱，在汉堡延续她的教学生涯。记得她刚到德国时，问我："怎么办？老师不可以要求孩子做学习活动，要怎么教？"我告诉她，孩子不用你教，只要陪，在陪伴的过程中，你们的互动就是最棒的学习了！

果然，在她真诚地调整心态后，很快地获得老板、学生、家长的赏识！几度放掉了她会、她习惯的方式，站在对方的立场，用不同的角度看事情，用包容融合的态度生活，成就了更好的自己，又进化成更棒的老师。

幼儿教育，太多的对立，太少的融合，各个学派各有各的支持者，互相批评，甚至有幼儿学英文会影响母语学习的论点，也有些幼儿园只强调美语，挂名幼儿园，说穿了只是语言学习班。大家只做自己会的，如此壁垒分明实非教育之福。为人父母与教育工作者要能认知，为了孩子要能勇敢接受新的思维，面对自己的不足，接受与改变自己，让自己变得更有竞争力，那么就是最好的身教了！

透过凯特切身的经验与分享，让我们看到不同的思维与教育模式。神游德国的幼儿园后，不知道大家是否会和我一样闭起眼睛，露出浅浅的一抹微笑，感受到德国孩子的幸福及德国幼教受到的尊重。瞬间却又心疼我们的孩子，忧心起教育导向与竞争力。

二十年来的教育经营管理，我们有许多如凯特般热情、热血的教师，但我们的教育机制有太多的羁绊，限制学校、限制老师，也圈住了孩子！这样的专业无法得到家长的信任与支持。再加上幼教市场百家争鸣，在缺乏核心思想与过分顺从于家长的环境中，市场性凌驾于教育的本质之上，有幼儿园因为生存而顺应家长，把对幼教专业与老师的尊重妥协了，导致幼教精英离开职场，社会精英不愿意投入基础教育，这将会是社会很大的隐忧。

孩子需要什么？教育该教些什么？

看着孩子，他们将会告诉我们。从孩子眼中寻找到改变的内涵与力量。

我想凯特找到了她的使命与写作的能量，希望借由这本书所传达的理念，能让教育工作者找回当年的初心与信念，也影响父母重新审视教育的本质。你我的生命因孩子而丰富、圆满和成熟，高质量的教育环境仍需耕耘！

"打开我们的心，让孩子的路更宽！"

回应生命发展需求的
德国幼儿教育方式

文／罗宝鸿

（20年幼儿教学经验、AMI国际蒙台梭利协会认证翻译讲师）

现今社会充斥着各种不同教育方式，在这信息爆炸的时代里，有太多方式可以让我们随时得到各种想要的教育信息。然而，很多时候在父母只撷取到教育名家几句名言、在对各教育门派一知半解下，想要落实这些伟大教育家的方法，不但得不到预期效果，反而还产生更多混乱，继而怀疑自己的孩子，也怀疑这些教育家的方法。

有幸，作者在此书中完整地阐述德国对幼儿的教育方式，分享了许多真实例子，配合深入浅出的理论说明，让读者不但知其然，更知其所以然，能有效地依循这些理论与做法，帮助幼儿教育做得更成功。

通过作者对德国幼儿园教育的描述，我们也得以检视如今我们的传统教育与德国教育的差别，让我们了解成人的态度该做什么调整，才能帮助孩子依循着生命本有的发展蓝图，自我建构出正面、乐观、有自信、负责任的人格。

孩子在不同发展阶段，有着不同的身心需求；不管哪个国家出生的孩子，这些内在需求都是一样的。虽然在不同文化差异上，回应方式会有所不同，但需求本质却是别无二致。透过阅读此书，我们可以从中反思作者介绍的原理与方法，能如何应用在我们的环境与孩子上面。

每个孩子的个性、能力与天赋都不一样；在学习能力上，有些孩子比较聪颖，有些比较缓慢。甚至有些孩子在幼儿时期就被检查出有注意力缺失、过动或亚斯伯格、妥瑞氏等症状。

在"齐头式"的传统教育之下，当老师都以相同标准来要求所有孩子，如上课时大家都要坐好不准乱动，老师讲话时都要专心听，指定时间内必须完成老师指定事项等等，并非所有孩子都能做到这些要求。结果做不到的孩子，在班上逐渐就被老师视为不配合的人物，被贴上"瑕疵品"标签。而当这些孩子一再无法达到老师标准时，处罚就成为理所当然的教育方式。在不断地处罚下，这些孩子学习意愿也慢慢减少，自信心一天一天地消失殆尽，本有个性也在这种逼迫的环境下逐渐扭曲。

其实，这些孩子最需要的是一个能了解他们个性差异的成人，以及能给予个性化差异发展空间的教学制度，帮助他们探索自己的能力、发展自己的长处，找回自己的信心，让他们在学习过程中拥有自己的一片天。

我个人在教育这条路上，研究蒙台梭利教育已将近二十年。作者在书中的许多理论与方法，例如尊重孩子个别特质，帮助孩子发展独立，激发孩子学习动机，相信孩子内在潜力，耐心等待孩子成长，允许孩子犯错空间，给予孩子探索自由，让孩子承担选择后果，不轻易帮助孩子解困，舍弃奖励与处罚方式等，全都呼应着蒙台梭利教育最重要的核心价值。

十年前，我以这些理论为基础，创立了一个小学部的美语教室。我把这些理论应用在课程设计里面，以及老师培训上。在课堂上我们抱着相信孩子能力、允许孩子探索与犯错的态度，让孩子在有纪律的前提下自由活动，完成他们个人、小组与团体的任务。当孩子出现学习问题、行为问题时，我们会根据这些理论来探讨孩子行为背后的原因、检视老师该抱持的态度，以及找到改善问题的方法。

现在我们欣喜地发现，这里已经成为孩子都能展现真正的自己、快乐学习的空间！许多在小学被老师认为"有问题"的学生，在我们环境里都没出现什么问题，原因是我们这里成人对孩子的态度以及教学上的课程规划，都能回应到不同孩子的发展需求。

这些理论说穿了，其实也并非蒙台梭利教育独有，而是在深入了解孩子生命发展后，成人都应当采用来帮助孩子的正确教育方式。如果父母能把这些理论与方法落实在家庭里，相信对孩子发展会有正向的帮助。

愿所有协助孩子生命发展的成人，都能常怀"苟日新，日日新，又日新"的态度，谦卑地看待孩子，窥探孩子内在更深层的发展秘密，找到更能符合时代、帮助孩子的教育方式。

若能如此，孩子幸甚，社会幸甚！

借鉴德国幼儿教育，
磨练孩子生存与发展能力

文／彭菊仙

（亲子教育作家）

　　学龄前孩子的感官系统就好似一部智能手机，就是需要随意乱滑一下，随便东碰西弄地尝试，才能摸索出它的基本架构与功能。因此，此时期的孩子对自己既新颖又奇妙的感官系统、运动器官以及大脑功能等，绝对是挡不住地跃跃欲试。

　　孩子会自动自发地依据成长的需求，渐次摸索与生俱来的每一种身心功能的运作，然后不断地自我磨练，直至能驾轻就熟地使用它们。唯有完成这些基本发展，他们才可能顺利地进入下一个阶段，也就是利用完备的基本能力去学习、扩充更强大的能力，以便顺利成功地生存于这个世界。

　　德国教育最值得效仿的概念就是，他们认定孩子在每一个阶段都有主要的发展目标。学龄前的发展目标是：让孩子尽情地探索自我，借此认知并磨练好基本身心能力，因此他们最需要从日常生活中练就自理能力，穿衣、喝水、吃饭、自己行动等练习，绝对胜过认字、拼字与算术的知识灌注；**孩子需要自由自在的"玩"，幼儿看似没有目标、不具建设性的"玩"，都是为了磨练生存与发展所需要的重要能力。**

孩子会顺着内在的身心需求而自然发展，如此顺性发展的孩子未必学得最快最多，但很可能最终学得最好，因为德国教育在每一阶段所确立的发展目标，都能为下一阶段打下扎实的基础，而唯有每一阶段都能顺利地衔接与发展，才能连缀成一个独立自主的个体！

面对父母"害怕输在起跑线"的高度焦虑，我们非常需要借鉴德国的幼教经验与视野，这本书篇篇都提供具体的案例，让我们能清楚看到在每一个情境中，德国老师与德国父母不同于我们的教养思维，以及真正有助于孩子长期发展独立人格的回应模式。

本书作者庄琳君老师先后经历了中国台湾与德国的教养体验，深刻的体会与深入的对比，其非常独特而完备的教学背景，让本书极具说服力！

从德国幼儿园教育现场，
启发不一样的教养观念

文／张美兰

（小熊妈，作家）

本书读起来很能引起共鸣，是因为我在美国时也看过作者提到的教育方式！关于这一点，有一个可能，就是美国是移民国家，有不少德国后裔，而西方教育，多半是要求孩子：**独立、互重、靠自己**！这与东方教育，的确是不同的。

东方的父母，为孩子付出更多，而且永远放心不下，这与传统上"养儿防老"、"光耀门楣"的思想有关。相反的，西方教育则是比较强调"经验主义"，例如：不要唠唠叨叨要孩子不要做这做那，让孩子吃一次亏，自然会记得教训！

此外，我在就读心理系时，读过不少关于本土心理学的研究，所以了解本书提到的**"德国父母允许孩子冒险、哭闹、任性、不听话"**，在东方社会普遍来说，是不可以的，因为儒家思想强调：人与人之间有分际，长幼更要有序，孩子不可以僭越"上对下"的关系，如此社会才会有秩序；君臣父子，是一种伦常关系；这放眼日本、韩国，都是一样。

以这个观点来看，这是**文化差异与传统不同**，倒没有谁比谁优秀的优劣分别。不过时至今日，我相信大家都可以看到年轻父母管教孩子越来越西化、开放。这点是不用去德国，也能体会的。

本书提到几个我个人颇欣赏的德国教育方式：

1. **陪读与适应模式**：入园第一周，家长是允许在孩子身边陪读的，之后渐渐减少陪读时间。关于此点，很幸运我自己很有感受，老三迷你熊上学，我就陪读了半个月。孩子的确适应得比较好。希望越来越多幼儿园也能有此模式。

2. **"无玩具日"**：我们幼儿园有玩具分享日，德国幼儿园却有"无玩具日"，让孩子接触大自然及生活周遭的东西，发挥想象力！这是很好的做法。

3. **游戏约会和留宿**（Play date及Sleep over）：德国家庭很早就会相约孩子一起玩，甚至留宿，这点我在美国也体验过。中国台湾现在的年轻一代，朋友间几个家庭约在一起出去游玩的，越来越多，逐步开启了伙伴关系的训练。

4. **提早职业体验**：德国十至十五岁的孩子，可以到幼儿园做工作体验，这是很好的做法。不过我家老大念中学后，也有许多职业体验的机会，我必须说：00后10后这一代的教育，的确有些转变，不输德国或欧美太多。

本书的记录，虽不见得是最具创见的国外教育观察，但是却是很好的教育现场比较，作者在中国台湾与德国都当过幼教老师，相信她详细的记录，能引起许多家长的兴趣，并且很具启发性！

身为教育工作者的十年自省

在到德国幼儿园任教前，我在中国台湾双语幼儿园任教，前后加总起来约有七年的时间。当时的我，是一位外文系刚毕业的菜鸟老师，为了在最短的时间学会如何带班授课，努力在不同体系的幼儿园兼课来精进自己的教学技巧，早教班到大班都带过，工作了几年后觉得无法再有所突破时，也毅然决定去英国深造，攻读教育研究。

在英国求学期间，受到指导教授乔治（George）很大的帮助。教育研究所的课程密集而繁重，白天在图书馆找完资料，晚上再回到宿舍挑灯夜战，是常有的事。从期初到期末，班上因为学科不合格而失去毕业资格的人越来越多，我也怀疑过自己是否能顺利如期完成学业，幸好乔治每次的心灵喊话，都能让我重拾对自己的信心。他对我说：**"越困难的研究，往往更有价值。不要因为怕失败而自我设限，教育的最大意义就是探索自己的无限可能，不是吗？"**

我在他身上第一次体会到，**一个好老师能给予学生最大的启发，**

并非只限于知识传授，而是愿意去相信自己的力量。

后来因为远嫁德国而离开幼教领域，凭着显著的教学成效和融洽的师生关系，我一度深信自己没有愧对所学，称得上是一位尽责的好老师，一直到我进入德国的幼儿园。

在德国任教三年后，有几回和以前的家长，或是自己身边熟络的友人聊到两地教育模式的差异时，常会得到以下几种回应：

"一直不停地倡导德国幼儿教育多好又能怎么样呢？我们的大环境就不是这么一回事啊，我们当父母的根本无法改变什么不是吗？"

"我也赞成全人幼儿教育，但就算勉强独排众议，让孩子接受了这样的幼儿园，上了小学进度落后跟不上同学又该怎么办？"

不少父母就算认为给孩子一个自由快乐的童年是件正确的事，内心还是陷入了对当前教育环境的无可奈何和担忧孩子进度落后别人的复杂思绪里。

偶尔我也难免会被旁人标签为"外国的月亮比较圆"的鼓吹者，认为我似乎过度放大德国幼教的优点，然后一面倒地否定我们这里主流的幼儿教育，很少人能明白，到德国任教的我这几年所面临的思想冲击。**一路从观察、沟通、思考到自省，将两地经验相对照之下汲取的体会，对自己而言，是迟来却十足宝贵的一堂课。**

"学生课堂打瞌睡，多半是老师教得太无聊"一向是我在中国台湾任教时抱持的想法。因为对工作态度的坚持，所以无法容忍自己马虎草率地上完一堂课。我会想很多游戏、很多方法来鼓励孩子在最短的时间内能够学到最多，我想我姑且还算是教学认真的老师吧！很多时候也不会给孩子留家庭作业。我觉得孩子在幼儿园已经上了一天的课了，只要提升教学效率，孩子能够展示出学习成果，那么写功课就不是必要的事。然而，给孩子留作业太少这一点，却不时引来家长反对的声音，认为孩子在家空闲的时间太多，不知道要干什么。

"就不能让孩子玩一下吗？"记得我忍不住对向我反映家长意见的校长这样咕哝着。

我一直认为，有本事的老师应该让孩子在课堂上尽可能学得快学得多，而不是变相一直增加孩子的家庭作业。虽然也想努力替孩子争取点什么，但我的认知仍然被禁锢于"学得快等于学得好"的框架里。而现在的我却不禁想问问过去的自己，孩子们就算学得又快又多，就足以证明他们学得好吗？到底以幼儿教育的角度而言，这个"好"的标准在哪里？如果孩子读写流畅，却没有解决矛盾冲突的能力，那算是学得好吗？在德国工作后的我时常在思考，多数幼儿园给予孩子们的到底是"教育"还是"学科训练"？

德国幼儿教育里，绝对是把孩子的身心健康摆在学习成效之前的，教学活动的比重也绝对不能超过孩子的自由玩乐时间。这几年细心观察德国孩子每一步的成长之后，我才意识到我们的幼儿园所开展的密集课程不止阻碍了孩子适性发展，对于"玩"（Freispiel）之于学前教育的意义，似乎理解得也还不够透彻。

此外，孩子在这一阶段不同的心理需求，更是长期轻忽的一部分。孩子每一阶段都有不同的学习任务，在孩子本该大量在户外探索玩乐的年纪，让他们整日忙着学东学西，回家还得写功课，课程满档到孩子连发呆的自由都被剥夺。如果为了学习过多的智识课程，而让孩子的童年充满压力，甚至影响孩子身心的正常发展，不管成效如何，只怕从任何角度来看，都称不上是优质的幼儿教育。

就算是在标榜德/英双语的国际幼儿园，**比起学了多少英文词汇，德国父母更重视孩子玩得开不开心**。从表面上看来，德国幼教老师的工作似乎很轻松，既不用写联络本，不教读写，也就没有各科目学习成效的压力，孩子每天自由玩乐，尽情跑跳，吃好心情好就算任务完成。

如果要说两地幼教老师最大的差别，就是即便生活自理能力都被视为必要的学习项目，但我们多半更偏重密集的智识学习，学拼音、学写字，也学算术，期待孩子能在最短的时间学到最多的项目；德国则注重对孩子整体观察，从孩子的自理能力建立、班上的交友情况、面对冲突情境的处理能力等等方面，幼教老师每天都会将所观察到的一切提出来开会讨论。

举例来说，班上倘若有个两岁孩子改不掉爱咬人的坏习惯，德国幼教老师除了第一时间制止之外，另外还会花时间思考孩子咬人时的状况、被咬的对象是否有相同点、咬的部位多半在哪里等等，记录诸如此类的细节。毫无疑问，咬人这行为不可取，但是**德国幼教老师更重视的是能够试着找出行为背后的原因，而不只是看见错误的行为**。

现在反省过去任教的自己，发觉当时看孩子的视野稍嫌片面狭窄；也许孩子各自的喜好和才能我会记得，但是当时的我的确没有太多的时间与心思去厘清孩子每个行为背后的原因。现在的我，不时得提醒自己要慢下来，多花点时间观察孩子，去理解他们真正的需求，学习接纳每一个孩子不同的成长步调。

会想写一本关于德国幼儿教育一线教学的书，出发点是因为一些朋友都陆续当了新手爸妈，他们常不时询问我在两地的幼儿园工作后的心得，也非常好奇德国父母对于幼儿教育抱持着怎样的期待，于是我开始汇总这几年在德国幼儿园所观察到的一切。

德国的幼儿教育并不是毫无缺点，但是他们的确在坚持着一种不可撼动的教育信念。原来"以孩子为主体"的课程设计不是只存在于教育研究的学理论述中，它在德国的每一个幼儿园都被彻底实践着。

所以我想，如果能通过这本书，提供给关心幼儿教育的家长或老师另一个角度的教育视野，或许能更清楚地洞察教育体制内外的一些问题，并试图找出方法来。

改变已有教育现况不是一件容易的事，我明白。但如果我们只能感到无力，只知道妥协，会有更多孩子无法摆脱这种近乎被软禁的童年。如果有越多的人为孩子发声，这期待改变的声音就能够被传达到更远的地方，它会慢慢凝聚成一股强大的力量去突破瓶颈。期盼有一天我们的幼儿园不再聚焦于学习成效，教育也能回归本质。

让我们一起抓住那个改变的可能。

庄琳君

谨以此书献给我最爱也最爱我的父母，

谢谢你们无私和包容的爱。

PART 1
第一部分

打底！
帮孩子建构内心自画像

要先探索自己、了解自己，
才能相信自己

德国父母都有一颗很强的心脏。

看着孩子爬高爬低，高站在秋千上又荡又甩后从高处将自己抛出然后落地，他们总是乐见孩子的勇气和行动力，放手让孩子不断自我挑战且欣赏孩子的冒险天性，而不是帮孩子立下种种限制去杜绝危险。

第一章

建立自信，从认识自己开始

——真正的自信并非来自完美，而是正视自己的优缺点

前些日子，跟一个好友聊到近况，刚转换新工作跑道的她，从字里行间明显感受到些许不安。她告诉我说，新公司里人人是高手，有精通四国语言、沉稳专业、掌握大市场动向的90后男生，有因表现出色，被一路晋升到海外当主管的二十五岁女孩。她说除了她自己，大家似乎都找不出缺点，优秀得令人咋舌，各个智商高，学历高，颜值也高。

她对我说了一句话，"我觉得很多中国台湾人其实都很没有自信，我自己就是。"

我听了非常讶异，因为在同一个朋友

"华德福幼儿园放学时，爸妈常常要在树上找小孩，这是真的吗？没有摔下来过吗？"

VS

"喜欢登高远望是孩子的天性，卡尔五岁了，应该要有自己判断危险的能力。"

圈中，她绝对是从任何角度看来都表现得十分杰出且活跃的一位。

从海外攻读企业管理硕士回中国台湾后，她一直在国际知名企业任职；私底下的她善良幽默，人缘超好。她非常热爱音乐，在自组的乐团里担任贝斯手，一年出国自助旅行好几次，足迹遍布五大洲。在大家印象中，她工作认真也爱冒险，很难跟没自信划上等号。

她眼中样样不如人的自己，跟我们眼中多才多艺的她，竟然有这么大的落差，我不禁纳闷，那些她口中几乎找不到弱点的有为青年们，是不是也对自己这么有自信，还是跟她一样，只看到哈哈镜里那个模糊的自己。

成绩好、多才多艺，孩子就会有自信吗

中国台湾的学生在求学过程中，几乎一步都不敢停，连寒暑假都得忙着写功课或跑补习班赶进度，一路上我们认识的自己，好像多半跟数字脱不了关系，不论是学校科目成绩的高低，或是学校名次的排名，仿佛自我价值也会跟着成绩高低而上下浮动，关于自己喜爱什么，适合什么，在当时看来似乎是一个没有必要厘清的疑惑。

到进入社会后，某一天我们终于豁然明白，自信心与工作头衔

德国人认为，自信是一种内心的平稳力量，它能使人在任何时刻都淡定从容，不因赞美而得意忘形，也不轻易为了他人的诋毁而发怒。

和资产净值并不那么相关，关键在于我们是否足够认识自己，并且接纳自己的一切。

到底该怎样来定义"自信"呢？

德国人认为，自信心是一种内心的平稳力量，它能使人在任何时刻都淡定从容，不会因为赞美而得意忘形，也不轻易为了他人的诋毁而发怒，这样的自信能力绝对是孩子一生重要的无形资产。想培养出自信而非自满的小孩，他们有自己的一套教育哲学。

拥有自信的孩子，在他面对困难、压力时，油然而生的是勇气而不是自我怀疑，即便遭遇挫败，也能继续保持相信自己的正面态度。自信有如身上的肌肉组织，使人产生力量并持续前进。这是除了爱与信任，孩子从父母身上所能获得的最珍贵的人生礼物之一。

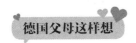

没遇过难题的孩子无法生出自信和勇气

"我看杂志上写着，华德福幼儿园放学时，爸妈常常都要在树上找小孩，这是真的吗？"曾经有一位中国台湾妈妈这样问我，"有这么夸张吗？"

孩子在屡试屡败中，不断挑战且探索自我能力，从失败到成功的经验，会变成一件一件穿在身上的自信盔甲，保护孩子，让其遇到困难挫折时能挺过去。

"不只是华德福，就是在一般德国幼儿园，不少家长来接小孩的时候，真的都要到树上找小孩啊！"我笑着回答，"我们幼儿园有一位五岁的男孩卡尔，一到公园，他简直就像丛林王子泰山般地冒险好动。他尤其爱爬大树，每次卡尔的妈妈来接他，常常四处张望找不到人，最后才发现孩子藏身在高高的大树上。"

"他没有摔下来过吗？"妈妈纳闷地问。

"当然有。"我说，"而且不止一次，最糟糕的那次跛了腿，在家静养两个星期。"

这位妈妈瞪大了眼，"那之后呢？还敢爬高吗？家长肯定也不给爬了吧？"

"他还是乐此不疲继续爬，爬树技巧也越来越熟练。"我接着说，"这问题我也曾经问过卡尔妈妈，她说喜欢登高远望是孩子的天性，卡尔五岁了，应该也要有自己判断危险的能力。"

德国父母都有一颗很强的心脏。

看着孩子爬高爬低，高站在秋千上又荡又甩后从高处将自己抛出然后落地，他们总是乐见孩子的勇气和行动力，放手让孩子不断自我挑战且欣赏孩子的冒险天性，而不是帮孩子设下种种限制去杜绝危险。

德国人认为，当孩子试图攀爬一棵大树，这是需要专注力、技巧和勇气的，三者缺一不可的执行下才能完成。孩子如果能力不够，自然没办法一路顺利爬上去，在屡试屡败中，不断挑战且探索自我的能力得到拓展，等到爬上树高呼的那一刻，我们可以想见孩子会有多自

"我希望我的孩子在幼儿园里学到的，
是'我可以做到！'而不是'我办不到！'"

这是多数德国父母所抱持的信念。

他们总是乐见孩子的勇气和行动力，

放手让孩子不断自我挑战且欣赏孩子的冒险天性，

而不是帮孩子立设下种种限制去杜绝危险。

豪。像这样，从失败到成功的经验，最后会变成一件一件穿在孩子身上的自信盔甲，保护孩子，让他们遇到困难挫折时能挺过去。

"我希望我的孩子在幼儿园里学到的，是'我可以做到！'而不是'我办不到！'"，这是多数德国父母所抱持的信念。

德国人认为要让孩子建立自信，就必须适度放手，让他们多方尝试，并学习如何自主解决问题，因为唯有如此，孩子才能正确解读每个行为和结果之间的关联。如果怕孩子摔，就不让他练习爬高，孩子间起了争执，家长便急着帮忙排解……孩子便会习惯依赖父母来替自己解决大小问题，也就剥夺了其健壮自己体魄和增长应变能力的机会。

第二章

德国父母精准的赞美态度，
教出自信而非自满的小孩

赞美自己的孩子，对现代父母来说似乎是如呼吸般自然的一件事。不需多说，就算那张小脸挂着两条鼻涕，父母还是觉得自己的孩子无敌可爱。

要让孩子有自信，父母的赞美不能少，但常常有一些家长却忽略了，过度且空洞的赞美，不但让赞美失去意义，甚至让孩子习惯于活在他人的赞美里，膨胀的自满个性很容易就像一刺就破的气球，一旦无法获得赞美，便感到空虚，甚至无法接受批评和承认错误。

"萝拉好棒！吃一口试试看。"

VS

"这东西很好吃，还加了你喜欢吃的奶酪，你试试看。"

孩子做得到的事，德国人不过度赞美，只会点头肯定

德国人对赞美的态度，也如其民族性般严谨。

他们认为赞美不应该滥用，也应该避免使用太抽象的句子。

赞美孩子时，最好可以具体地点出你认为他们做得好的地方，与其说"好聪明！好厉害！"，可以尝试更多细节的描述"哇！你自己把拼图完成了！"或是"你会照顾妹妹帮她把鞋子穿好，真是一个好哥哥。"**这样的赞美方式需要父母的观察，但孩子可以更清楚地知道自己的行为被赞许的原因。**

另一方面，德国幼教老师认为，如果这应该是孩子生活上能力所及、可以轻松自理的事，比如说穿鞋、收拾玩具或吃饭，过度以口头赞美孩子说"饭吃光了，太棒了！"或"你怎么那么乖，会把玩具收拾好"，就不是很恰当。像这种情况，大人可以点头微笑，或是说声谢谢，予以肯定即可。

有一天在幼儿园吃午餐的时候，我看见班上两岁的萝拉根本没动过叉子一下，副餐的面包是啃完了，但盘子内的菠菜千层面原封不动地摆在那里。萝拉本来就是班上挑食的孩子之一，我随即挑了一小块面送到她口中说："萝拉好棒！吃一口试试看。"她没反抗地

当孩子做到能力所及的事，德国幼教老师不过度口头赞美。

吃了一口，我接着鼓励她：“做得好！再自己吃一口。”萝拉尝过味道后，可能因为不喜欢菠菜，就不想继续吃了，于是那天她的午餐只吃了那一口的量。

午餐结束后，幼儿园老师们通常会趁孩子的午休时间，讨论一下当天上午的课堂状况和注意事项。

“凯特，我想讨论一下今天午餐时的状况。”幼儿园里资深的德国老师艾拉看着我说，“希望你别介意我有话直说，但是我觉得我们不需要赞美孩子吃不吃饭。”

我愣了一下，发现原来她是指我今天赞美萝拉吃了那口菠菜面，“我不懂你的意思。鼓励她吃一口，让她试试味道如何，试了也许她就会喜欢啊！”

艾拉回答：“鼓励孩子吃一口，这想法本身并没有错，但是你如何表达就有差别了。吃饭应该是孩子可以自行决定的事，我们负责提供营养均衡的午餐，至于孩子吃多少，或是选择性地只吃哪一样，这跟孩子本身做不做得好没有直接关系。针对赞美孩子吃午餐这件事是否适当，我们应该讨论。”

没错。这就是德国人的精准。

那天中午，大家花了点时间讨论这件事。我们同意吃饭应该属

赞美不是多就能奏效，用得适当和明确，才能正确传达正面讯息给孩子。

于目前孩子基本生活自理能力的一部分，想鼓励孩子尝试新食物，应该可以有更好的说法，例如："这东西很好吃，还加了你喜欢吃的奶酪，你试试看。"经过了这次讨论，我也学到了赞美不是多就能奏效，它必须被用得适当和明确，才能正确传达正面讯息给孩子。

想培养孩子的自信，父母不该在每一件小事上强调他们"做得多完美"，应该把赞美的重点放在"努力的过程"而非结果，孩子才会正确解读父母的鼓励，真正地感到自己被认同，而不只有在得到赞美时才感到自信。

第三章

尊重孩子个别特质，不以统一标准来衡量

——孩子该学会的是珍视自己的价值，而不是符合大人理想标准

学校选出优秀学生，审核方式以成绩品德兼优为标准，是希望其他孩子以优秀学生为例，见贤思齐加以仿效。

然而优秀学生的选拔，常常是流于比较形式的赞美，说穿了也只有学业成绩优异的同学才有出线的机会，而孩子如果只因为大人眼中狭隘的理想标准而努力，便很难学会去珍视自己的价值。

从德国人的观点来看，这过程往往会抹杀了每个孩子的独特性，因为没有任何一个孩子的天性是乐于当别人眼中的复制品。

德国父母想让孩子了解的是，每个人

学校选拔优秀学生以成绩品德兼优为标准，是希望其他孩子见贤思齐加以仿效。

VS

从德国人观点来看，这会抹杀孩子的独特性，因为没有任何孩子会乐于当别人的复制品。

都有擅长和不擅长的事。而所谓的天赋，也许是一种能力，也可能是一种人格特质，这跟成绩好坏，或从事什么工作并不相关。这是一个人与生俱来的礼物，人人都有，每个人却又不一定都能在有限的人生时间里找到它。

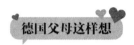

德国父母这样想

孩子"想做"才会做得好，也才能真正对自己负责

有一次去参加德国邻居小孩的生日派对。这位八岁的小寿星叫莉雅，一个好动外向的小女生，每天下课后牵了脚踏车就呼朋引伴地到住家附近的小树林里面玩，一副十足的孩子王样子。派对席间和邻居妈妈闲聊一阵后，才知道莉雅念小学后偶尔会抱怨上学很无聊，老师也反映她在课堂上坐不太住。

"你会担心莉雅课业落后吗？"我这样问。

"还好。"邻居妈妈笑着说，"我们都相信课堂上的东西不是她学不会，只是没兴趣学。莉雅很清楚自己的喜好，也对自己要求很高，现在她正在学街舞，每天都疯狂练习地板动作'头转'。她非常自豪自己是班上第一个学会这个动作的呢！你如果看过她练习时受过

德国父母想让孩子了解的是，每个人都有擅长和不擅长的事。天赋人人都有，跟成绩好坏，或从事什么工作并不相关。

莉雅妈妈说：

"莉雅正在学街舞，每天都疯狂练习地板动作'头转'，

她非常自豪自己是班上第一个学会这个动作的呢！

你如果看过她练习时受过的伤，

就知道她有多努力想学舞……

我们不会试图干涉她自己的决定，

因为事实上我们无法对她未来的人生负责。"

的伤，就知道她有多努力想学舞。只要她该做的功课写完了，我不会去干涉孩子的兴趣。"

"那如果之后她放弃升学这条路，想成为一个专业舞者呢？"我紧接着问。

"我们绝对尊重。"邻居妈妈说，"我想德国也不需要那么多人当大文豪或工程师不是吗？孩子如果能找到自己擅长的事，代表这是她的天赋，我会替她感到高兴，因为不是每个人都能这么快地找到自己的兴趣。当然我们会告诉她，决定不升学的话，将来不免会遭遇一些困难和阻碍，但是难道继续升学就代表人生从此一路平顺吗？所以我们不会试图干涉她自己的决定，因为事实上我们无法对她未来的人生负责。"

我发现，德国父母相当重视孩子是否找到自己的兴趣，也很少左右孩子学习上的选择。对他们而言，未来充满了变量和挑战，告诉孩子遵循标准路径或是仿效优秀学生根本是徒劳无功的一件事。不管学校课业的成绩好坏，是否决定继续升学，**让孩子在人生中找到"想做"的事情才是最重要的，因为唯有"想做"的能量会带来热情，引领我们继续前进。**

当孩子没有被赋予相应的时间了解自己，即便达到他人眼中的成功，仍可能对人生感到茫然，对自我价值感到怀疑。

找到孩子发光发热的特质，比优秀来得重要

每个孩子都不同。这是从事幼教工作多年的我，深刻体悟到的真理。

在很多情况下，孩子的能力是否特别优秀，跟有没有自信这件事，也根本无法划上等号。

回想我刚到德国找工作时，几番面谈下来，有一位面试官在决定录用我后，对我说了一段话。

"我发现你跟我面谈过的亚洲人不太一样。"他说，"决定录用你的原因是因为我几乎可以确信你能即刻上手学校里的一切事务，就算你不懂，应该也学得很快。"

"不太一样的地方是……？"我不禁好奇地问。

"坦白说，在我过去的经验中，亚洲人的履历都特别长，上面详细记载的学习经历丰富得像是在写人生传记。单从履历上来看，他们的工作经验和学历与本地德国人相比，也丝毫不逊色，但是最后我决定不录用的原因通常是，他们在面试当中的表现跟履历上的描述并不一致，我甚至无法相信是同一个人。"他停了一下，继续说，"别误会，我不是认为他们虚报学习经历。我只是纳闷，为什么当我问

> 对德国人来说，求学经历只有加分效果，不能充分代表个人价值，他们更重视的是思考能力和态度。

他们对工作有什么个人想法，或是对任何活动有没有新点子的时候，他们常常会突然不知所措的含糊其辞。不管说的内容如何，他们在言谈间的表现是相当没有自信心的，跟履历上的落差实在太大。"

面试结束后，虽然得到面试官的赞美，却陷入长长的沉思中。原来对德国人来说，求学经历充其量只像是个人的配件，有加分效果，却不能充分代表你个人的价值，他们更重视的是个人的思考能力和展现出来的态度。如果撇开求学经历，一个人便无法自信地呈现自己，这样自信心的建构就不能算作牢靠。

我的确看过不少孩子，成绩名列前茅，从来不会畏惧课业上的任何挑战，却是一个没有自信心的人。正因为他们很会读书，所以毫无悬念地被安排好未来的路，一路上过关斩将，进入全球百大名校，仿佛人生从此就该大放光明。但事实上，他们对自己从事的工作却不一定抱有热情，自我实现对他们来说仍是一个大问号。

会有这样的结果，一部分的原因可能在于学生时期，没有被赋予相应的时间了解自己，所以即便达到他人眼中的成功，却时常对人生感到茫然，对自我价值感到怀疑。

教孩子认识自己，关键在于让孩子拥有多方面尝试的自由。

孩子们就像一架架等待起飞的小飞机，需要给予够长够宽的跑道进行助跑，才能升空遨游，他们必须有充沛的时间和空间去找寻自己的热情和天赋。

家长不只需要花时间多倾听孩子的想法，更重要的是学习尊重孩子的喜好，不管那是多冷门的选择。

第四章

快乐会带来无限的学习能量

——让热情全速点燃孩子的学习动机

刚进入德国幼儿园工作的初期，我有点困惑，德国学前教育其实不需要太多教案编写经验，主题教学也顶多一个星期一次。我于是鼓起勇气问校长，是不是能在课程设计上多加些学习内容？

她笑着说："丰富课堂内容是个好点子，但你要记得，不管学什么，这个阶段没有比给孩子们正面的快乐能量更重要的事了。"

让孩子快乐，是德国幼教老师被赋予的最重要责任。孩子能以愉悦的心情度过在幼儿园的每一天，享受不同学习所带来

珊德拉妈妈说："我压根儿没想过会给她压力，只是想帮她复习学过的内容，她会学得更快更有信心！"

VS

如果孩子因为外在压力而逃避学习，之后便很难扭转孩子的学习态度……源源不绝的学习热情才能引领孩子突破往后所有的课题。

的乐趣，是幼教老师的第一使命。

在德国幼儿园，幼儿有学习内容上的绝对主导权，每天学什么玩什么都凭自己的意愿去选择是否要参与活动。因此，德国幼儿园里，几乎是没有奖励制度。德国老师不用糖果饼干来鼓励孩子学习，也不送贴纸玩具去奖赏孩子的表现。

德国幼儿教育相信，孩子有爱学习的天性，老师只需要依其意愿引导学习，不需要任何额外的物品奖励，因为对孩子来说，学习本身就是最大的犒赏。

反之，如果学习内容本身无法引起孩子的兴趣，为了鼓励孩子参与活动而设计的奖励制度，到头来可能只是变相地让孩子产生"这东西无聊到要用奖品来让我学习"的心理，等于直接削减孩子的学习动机，反而养成有奖品才愿意学的被动态度。孩子就算因为得到犒赏的短暂满足而积极学习，这样的学习动机毕竟还是依赖外在因素。学前教育应该努力的方向只有一个——让孩子能由内心自发地热爱学习。

德国人相信，快乐的孩子不一定学得最快，但可能是最后学得最好的一个！

快乐的孩子对学习会有源源不绝的热情，相较之下，如果家长

德国幼儿教育相信，孩子有热爱学习的天性，老师只需依其意愿引导学习，不需额外的物品奖励，因为对孩子来说，学习本身就是最大的犒赏。

对孩子要求太高，常因为孩子的表现好坏而情绪起伏不定，反而容易造成孩子的压力而无法放松和爱好学习。

快乐学习不难，要让孩子将快乐内化为学习热情，需要时间和空间

有一学期，幼儿园来了位新生珊德拉，一位三岁的可爱小女孩，爸妈是加拿大人，因为工作的关系搬到德国。在德国汉堡市，外来移民很多，我们幼儿园所有家长的国籍加总起来，应该有十种以上不同国家，但这位新生比较特别的是搬来德国之前，在加拿大已就读过当地的幼儿园一段时间，因此很快便适应了新的团体生活。

珊德拉是个恬静友善的小女生，也爱好学习新事物，很多词汇她听过几次就记得了，但是珊德拉的妈妈似乎有点着急，总觉得我们幼儿园里的课程安排过于松散。

以下的对话发生在珊德拉入园后的第三天。

"请问一下，你们今天的课程计划是什么？"珊德拉的妈妈微笑地问我。

"咦？"突然被这样冷不防地一问，我有点惊讶地说，"适应期

因奖励而引发的学习动机毕竟是依赖外在因素，学前教育应该努力的方向只有一个——让孩子能由内心自发地热爱学习。

的第一个星期，我们都是让新生自由在园所里活动，熟悉一下环境，所以时间上的安排都是以自由玩乐为主。"

"我想也是，我大概清楚德国幼儿园都不太安排制式课程的，不过珊德拉在加拿大念幼儿园的时候学了好多东西，其实也是边玩边学没有压力啊，她现在已经会认数字1到20了，字母也能分辨好几个，全忘光了有点可惜不是吗？"珊德拉的妈妈脸上虽然一样挂着笑容地问我，但还没等到我回答，她便抓了教具柜上的益智玩具喃喃说道，"嗯！我还是觉得今天要有一些教学活动。"于是径自打开益智玩具盒想进行活动。

益智玩具的盒子一拿出来，几乎大半的孩子马上就被吸引过来，但他们当然不会懂得照盒子上的游戏规则玩，任凭她如何耐心说明规则，几个孩子抓了一把益智玩具盒内的东西后，便跑到木制的游戏厨房里开始玩扮家家酒，一个一岁半的幼儿也拿了里面的玩具往嘴里塞……珊德拉即便刚开始有兴趣玩，其他的孩子在一旁玩东玩西的，她也很难专心听妈妈讲解，几分钟后就丢下妈妈和益智玩具，加入其他孩子的游戏中。

眼看效果不如预期，妈妈不免有些沮丧，我于是顺势说道："这些益智游戏是给三岁以上的孩子们玩的，为了避免注意力分散，通常我们会分别在不同房间进行活动。**请给珊德拉和我们一点时间，先让她慢慢摸索自己的兴趣吧。**"

"我同意，但是兴趣也要有基本知识作支撑才有用。据我了解，入园前的家长访谈，你们有提到课程内容很丰富多元，不是有什么主题教学吗？"

我察觉到妈妈的期待，于是换个方式说："我们当然有安排主题教学，只是每当有新生入园，为了确保新生能得到最完整的照顾，这些教学活动会依情况暂停一两个星期。不过看起来珊德拉适应得非常好，相信不用多久，我们就可以开始进行主题教学了。"接着，我补充了一句："如果她也觉得有兴趣的话。"

听到我这样说，她似乎比较释怀了，当下直说："会的，她一直都很喜欢参与不同的学习活动。"

我点点头表示了解。等到这位妈妈离开后，我却因为她颇强势的态度而感到苦恼。

坦白说，以之前幼儿园多年的教学经验，要编写并实行一份内容丰富且学习效率显著的教案，对我来说不是难事，但我明白这样紧凑的课程安排彻底违背了在德国"以孩子为主体"的教育理念，我于是在午休时间问问德国同事的意见。

"你不要想太多。"德国老师这样斩钉截铁地回答我的疑惑，"总会有那么一两个父母，觉得自己比孩子更清楚他们的学习兴趣。"

"话是没错，但要让孩子快乐地学习这件事其实是做得到的啊。"我提起过去的教学经验，"只要教学活动设计得好，孩子的学习意愿是会提高的。"

父母常觉得自己比孩子更清楚他们的学习兴趣。

德国老师想了一下，认真地对我说："**借由活动设计让孩子喜欢参与是一回事，但能不能实际上在教育中做到启发孩子个别能力，又是另外一回事。**放手让孩子摸索并发觉自己的兴趣，是为了增强孩子的学习动机，这样的快乐是单纯来自个人求知欲的满足。换句话说，我们想要赋予孩子的是长时间一点一滴培养的学习热情，因为这才是学前教育最大的目的。"

经过德国老师这样的提点，我总算放下了心中的疑虑。

很快地，一个月的新生适应期结束，珊德拉的确如妈妈所形容的，是个好学的孩子，每次妈妈来接她的时候，听到我们描述孩子在不同学习活动上的表现，都感到很开心。她还是会不时询问我们每月的课程计划，然后跟其他父母一样，从张贴在布告栏上的各项活动照片里寻找自家孩子的身影。

德国老师这样做

过度注重学习成效，只会让孩子失去学习热情

后来过了几个月，我发现珊德拉在参与主题教学活动时，表现得不如以往积极，当老师询问孩子学习内容上的问题时，她若不知道答案就会显得有些紧张，当时虽觉得有点奇怪，却也找不出原因，因为所有的教学活动都是开放式提问，孩子们可以自行选择要不要回答，所以只觉得自己应该是多虑了。

直到有一天珊德拉妈妈突然不经意地问起我："你们现在不是

正在做颜色的主题教学吗？我问珊德拉学过的几个颜色，她还有两三个颜色都记不住耶！我已经帮她在家里复习了好几次，但她还是会忘记。"

听她这么一说，似乎不难解释珊德拉近来学习态度的转变，我于是直接跟她说明孩子可能对于妈妈的期待感到有些压力，导致学习活动的表现不如以往积极，希望她能改变一下做法，不要太在乎哪些内容她记住了，哪些又全忘光了，因为那对现阶段的她都不重要。所有我们在课堂上所安排的多元内容，只是为了让孩子在学习上能有所选择，并拥有不同学习方式带来的快乐。

"孩子都有热爱学习的天性，让他们享受这份快乐很重要。"我看着她说，"如果让这年纪的孩子因为外在的压力逃避学习，那之后便很难扭转孩子的学习态度。"这段谈话让气氛变得严肃起来，但出乎意料的，她并没有反驳我，只说："我明白了。谢谢你告诉我，我压根儿没想过会给她压力，我只是想说如果多帮她复习学过的内容，她会学得更快更有信心！"

"我了解你的用意。"我笑着对她说，"只是孩子日后要学的东西还多着呢！唯有源源不绝的学习热情，才能引领孩子突破往后所有的课题，目前这阶段学得多快多好，都只是次要的。"她若有所

课堂上安排的多元学习，是为了让孩子能有多种选择，拥有不同学习方式带来的快乐。

德国老师说：

"放手让孩子摸索并发觉自己的兴趣，
是为了增强孩子的学习动机，
这样的快乐是单纯来自个人求知欲的满足。

换句话说，
我们想要赋予孩子的是长时间一点一滴培养的学习热情，
因为这才是学前教育最大的目的。"

思地点点头，说会再仔细想想怎么做，之后就带着孩子回家了。在这之后，她的标准明显宽松很多，至少不会再追问我们为什么孩子有些内容没学会，珊德拉也慢慢地找回最初学习的快乐。

要让孩子快乐学习，真的不难。但要让孩子将这份快乐内化为一股对学习持续的热情，需要家长给予孩子更多的时间和空间，切勿让过高的期待造成孩子害怕犯错，恐惧自己会因学习上的失误，而被贴上失败的标签。

最重要的一件事，是要让孩子相信，学习路途上即使踏错步走错路都不会浪费，因为每一个脚步都让我们更了解自己，带领我们找到学习的热情。

第五章

开放式教育的教学现场，最直接的震撼

——相信孩子的能力，练习不担心

时间回溯到，我到德国的第一年。

那时还在学校上德文课的我，接到工作的面试通知，顾不得大雪纷飞的坏天气，便一早起身进城去一家规模颇大的双语幼儿园面试。幼儿园的教务长很亲切地迎接我，随即带我参观幼儿园的设施。我发现这间位处汉堡市区的幼儿园，校地之广，实在相当可观；幼儿园本身是一栋三层楼的独栋大洋房，房子前面是花园，后面还有一个自建的、附有沙坑的小游乐场。

我仔细观察这偌大的幼儿园，每一层楼都有不同的主题教室：有可以画画的美

我们常常鼓励孩子"我相信你做得到"，但是实际表现出来的行为却不一致。

VS

为了防止孩子受伤而寸步不离，是在告诉孩子你觉得他会摔下来，你不相信他爬得上去。孩子感受到你的担心，就会怀疑自己。

术室，可以尽情奔跑跳跃的室内体育场，还有陈列各种敲打乐器的音乐教室等等。奇怪的是，每一间教室里几乎都有几位幼龄孩子独自进行活动，老师们也各自忙着不同的事情：有的照顾新入园的孩子，有的换尿布，也有的老师来回穿梭在不同的教室。

"所以小孩们就各自待在自己喜欢的地方，老师不用在一旁协助吗？"我纳闷地问。

"不用。我们幼儿园强调的是'开放式概念'（Open Concept），小孩想去哪就去哪，老师不需跟前跟后，只要小孩需要帮忙的时候找得到老师就好了。"

脑袋里突然想起多年前在英国念教育专业时，在图书馆赶论文的我读到的关于20世纪70年代英国小学掀起的一场教育制度革命"开放式教育（Open Education）"，以孩子为学习的主导者，教师只提供协助与建议的"开放式教育"理念——学校变成一个如家一般舒适，却又可以到处探索玩乐的学习场域。虽然开放式教育理念从未真正普及到小学制度，但是"以孩子为本"的教育思想，却在日后变成德国幼儿教育的核心价值。

回家的路上，我思考了许久，脑海中充满小小孩们独自游玩奔跑在幼儿园的每个角落的画面，"孩子就是孩子（Let kids be kids）"

相信孩子有相应的学习能力而不过度担心，他们才能从失败的过程中推演出属于自己的成功方程式。

他们是这样说的，再对比之前一切井然有序的教室情景，心中很是震撼。那是我第一次跳脱了仅从书本研读教育学派，亲身感受到所谓"开放式教育"的思想洗礼。

从内心传递"你相信他做得到"，给孩子勇于挑战的力量

当时几经衡量下，我选择另一所幼儿园工作。工作了好些日子后，有一天上午，我和一位德国同事带了孩子们去公园玩。班上两岁半的艾瑞克一脚勾上公园的攀爬架，正试图要爬上去，因为身高不够，所以对他来说有点吃力。艾瑞克怎么蹬也上不去，眼看就要跌下来了，我于是过去推了他一把。他开开心心地爬上去后，滑下溜滑梯又马上挑战再爬一次。我因为担心他摔了，一直站在他背后看着他爬。过了一阵子，从头到尾站得老远的德国同事安妮说话了，**"凯特你应该要相信他爬得上去，而不是担心他会摔下来。"**

这句话像是平地一声雷，瞬间把我拉回一年前去面试拜访的那家幼儿园。我似乎有点明白了这其中的道理。原来，就算老师没有随时在孩子身边看顾着，也不代表就是放任不管；即便时刻紧盯着孩子，事实上也无法完全保护他。

最应该探究的或许是，我们到底有多相信孩子？孩子学翻身、学爬、学站，或学走路，其实一路都是失败经验的累积，在成功之前，多次的失败经验未必全然相同。每一次的失败都是测试不同方法的

经验累积，孩子才能从中找出下一次可能会成功的方向继续努力。

因为怕孩子摔，怕孩子受伤，所以全程站在身后想保护他，这也许是人之常情，但重点是我们真的有办法随时随地地保护着孩子吗？如果说偶尔的跌跤和受挫是其中必经的过程，那么让孩子累积失败的经验，相信孩子有相对应的学习能力而不过度担心，或许是我们真正能提供的一种保护方式。因为唯有如此，他们才能从失败的过程中推演出属于自己的成功方程式。

"相信你的孩子，这点对他们来说很重要。"安妮转头跟我说，"我不是不担心他们摔下来或受伤，孩子要跌下来的时候，谁都会本能地去拉他一把，但是为了防止孩子受伤，而全程寸步不离地陪在身旁，其实是在告诉孩子你觉得他会摔下来，你不相信他爬得上去。"安妮接着说："孩子感受到你的担心，就会开始对自己怀疑。"

收起自己的担心，鼓励孩子"要再试一次吗？"

安妮说的那段话让我沉思许久，我于是决定尽量不跟前跟后地看顾着小孩。隔没几天，又带孩子们到公园玩耍，这次换班上两岁半的昆汀走过来，一边对我说"凯特，请帮我"，小手一边指着另

给予孩子自由和空间，让他尝试一些事情，做一些决定。当孩子真正感受到被信任，就会跨出自信的第一步。

一头高高的攀爬架。

这项设施其实对孩子来说需要点技巧，于是我跟着他过去指导他一点诀窍，过程中昆汀练习脚要站哪个支架才会稳，手该抓哪里做支撑，眼看他已经快要爬上高高的滑梯口了，突然他脚没踏稳，一个踉跄，身体往下跌了去，还好小手抓得够牢，不过却撞到鼻子，痛得哇哇大哭。我只好把他整个人从攀爬架上给拎出来，他手捂着鼻子在我怀里哭得稀里哗啦的。

我蹲下身安慰地抱着他，心想他应该暂时不想再爬了，但还是开口问："你要再试一次吗？"出乎意料的，他竟然毫不犹豫地说好。我只好带着昆汀再挑战一次。果然，这次他学到要特别留意脚站的位置，没多久就自己成功爬上去了。

"凯特！你看！"爬上攀爬架最上头的昆汀得意地笑着，那小脸上虽然还挂着两行泪，但早已不记得五分钟前鼻子撞到通红的痛楚。

一转身他从滑梯溜下来，我对他说："昆汀好勇敢！成功爬到最上面了，那你接下来要自己再挑战一次吗？"

他信心十足地看着我，笑着说好。于是我走到一旁，让他自己摸索怎么爬。

这时的我也在进行着练习，练习收拾起自己多余的担心，练习去相信孩子的能力，不因为想保护孩子，而轻易拿走他们与生俱来的勇气。

这是我从德国幼教老师那里所学到的宝贵一课。

一直以来，心里虽然明白知道，孩子就是会摔会跌，但在之前

德国老师说："相信你的孩子，
这点对他们来说很重要。
你若全程寸步不离地陪在身旁，
其实是在告诉孩子你觉得他会摔下来，
你不相信他爬得上去。

孩子感受到你的担心，
就会开始对自己怀疑。"

工作了几年，也陷入"得在身旁看管着孩子才行"这样的惯性思维。讽刺的是，我们常常对孩子鼓励着说"我相信你做得到"，但是实际表现出来的行为却不一致。

很多时候，孩子会根据父母的言行在心里投射出自己的影像。因此，当我们希望孩子对自己有自信，老师跟家长们可能第一步要练习将这份担心，内化为一股相信孩子的能量，不仅仅用言语去鼓励孩子，也用行动告诉孩子，你相信他做得到。而基于这份信任，你会给予他相对的自由和空间，去尝试一些事情，做一些决定。当孩子真正感受到被信任的正面能量，他就会跨出自信的第一步。

第六章

男孩日/女孩日-孩子们的职场初体验

——跨越既定性别印象，德国成功的双轨制职业技能教育

某个星期四的早晨，我踏进幼儿园放好个人随身物品后，去厨房泡咖啡好唤醒我那还不甚清醒的脑袋，发现德国同事金柏莉也在那准备孩子们的餐盘。定睛一瞧，身旁还站着两位大约十来岁的大男孩。

"早安！"我一边打招呼，一边微笑地看着他们，有点纳闷他们为什么会出现在幼儿园里。正想问清楚时，金柏莉说话了。

"这两位是保罗和毕加。上次跟你说过，这星期四会有两位报名参加男孩日（Boys' Day）的体验者。"

男孩日/女孩日最原先的目的是，想改善男女性别在各行业比例上失衡的现象。

VS

不同行业提供的见习机会，让孩子从第一线探查工作内容是否与自己的兴趣吻合……让孩子能择其所爱，爱其所择。

"啊，对喔！是今天。"有点不好意思自己忘了日期，随即微笑地跟这两位男孩打招呼，"哈啰，我是凯特。很高兴你们今天来幼儿园参加一日工作体验，你们俩现在几岁啊？"

身材高大的男孩率先打招呼说："我是保罗，今年十二岁。"

另一个男孩也接着回答："我是毕加，今年十岁，这是我第一次参加Boys' Day。"

金柏莉补充说道："保罗去年也有报名参加Boys' Day在幼儿园的职场体验日，他觉得去年的经验很有趣，所以今年再度报名。"

看看时间，已经快九点了，我于是对他们说："我先带你们认识一下环境吧！不然等一下你们不知道要在哪里帮忙换尿布。"

十岁的毕加听到，顿时愣住了，已经有过一次职场体验的保罗连忙解释："她在开玩笑，不是认真的啦！"

"当然不可能让你们帮孩子换尿布啊。"我笑着说，"你们今天的主要任务就是观察当一个幼教老师，有什么你喜欢跟不喜欢做的工作，然后陪着孩子一起玩，了解幼儿园的作息，看看跟想象中的职场印象一不一样，这会帮助你们将来的职业选择。"在职场体验日里，像在幼儿园帮孩子换尿布或是在医院帮病人洗澡等等的事情，都必须由相关从业人员完成才行。

德国2011年开办男孩日/女孩日（BOYS'/ GIRLS' DAY），是为了让年纪介于十到十五岁的孩子们能提早体验职场生活，看自己是否真的适合从事心目中的理想工作。

大男孩们点点头，跟着我参观了幼儿园的环境和设施。这时幼儿园里已经有不少孩子到校，他们好奇地打量着大哥哥，有些怕生的小孩赶紧躲在我身后。我于是建议保罗和毕加，说："慢慢来吧。教室那头有玩具柜和一些故事书，你们可以自己找一些东西来玩，孩子觉得有兴趣的就会主动跟你们玩了。"

果然过没多久，就看到一堆卸下心防的小孩们，把今天这两个来幼儿园里体验的贵宾给淹没了。保罗和毕加两人使出浑身解数，几乎是有求必应地满足孩子们的要求。一下做劳作，一下用积木堆房子，尤其是班上爱玩球的男孩们，一到公园就围着大哥哥要他们一起踢足球。一整天下来，孩子们都玩得很尽兴，午休时间也睡得特别香甜，只是大哥哥们的体力备受考验，其中十岁的毕加陪同孩子午睡时，不一会儿自己也睡着了。

保罗转头轻声问我们："要把他叫醒吗？"

老师们一致摇头说不必了，都觉得让他休息一下也好。

"保罗，你想睡的话也可以去歇一下。"金柏莉说。

"我不想睡啊。"他回答，"那孩子睡着时，你们接下来要做什么？"

"通常我们会趁这时候开个小型会议，看今天发生什么状况需要改进，或是有什么讯息需要告知其他同事。不过今天比较特别，有

实习的任务就是观察幼教老师的工作，有什么是自己喜欢或不喜欢做的，了解幼儿园的作息，看看跟想象中的职场印象一不一样……

你们来访，我们来聊一下你的感想好了。"金柏莉微笑地看着保罗说，"这次是你第二次参加职场体验了，想必很有兴趣。你对幼教老师的工作有什么特别的想法吗？"

"因为去年也有参加职场体验日，所以我大概知道是怎么一回事。"保罗回答，"我觉得这工作其实涵盖范围满广的。除了照顾小孩之外，还包括活动设计、家长会谈，而且需要很大的耐心和观察力，不只是陪孩子玩那么简单。"

"说得真好！"坐在一旁的尤拉赞美着，随口问道，"那你有兴趣当幼教老师吗？"

保罗想了一下，摇头说："应该不会。因为同事都只有女生。"

我们听了都笑出来，我接着说："男生比例占少数没错，但不是没有啊，我们另外一家分校就有一位男老师叫多明尼克，超级受欢迎的喔。而且万一你将来加入了，就又多了一位男老师了。"

保罗点点头，笑着回答："也是。我会考虑一下。"

男孩日/女孩日职场体验，可不是玩宝贝老板

德国从2011年开办的男孩日/女孩日（BOYS'/ GIRLS' DAY），是为了让年纪介于十到十五岁的孩子们能提早有机会体验职场生活的概况，看自己是否真的适合从事心目中的理想工作。活动的参与并非强制性，孩子们可以决定是否有兴趣参加，有需要的话可以委托学校或自行上网报名参加。

这项活动发起最原先的目的是想改善男女性别在各行业比例上失衡的现象。体验日当天，男孩们有机会深入认识传统女性为多数的职业类别，如护士、幼教老师、发型设计师，或销售人员和饭店接待等社会服务性质的工作；而女孩们则可以选择体验汽车维修师、木工、软件工程师或IT产业这些以男性为主的技术性工作。

相关数据显示，2015年度大约有三万多名男孩参与这项活动，女生超过十万人；在这天敞开大门让孩子进入观察职场面貌的公司和机构则多达上万间。

这样的体验不是玩宝贝老板（Baby Boss），也不只是让孩子走马观花听导览而已，大部分的企业和机构除了向孩子介绍完整的工作内容外，还会提供符合孩子能力的实作体验。举例来说，一位女孩若选择了想体验软件工程师的工作内容，听完公司介绍和工作简介后，她可能会有机会练习如何初步架构一个网站，或是了解要如何协调各部门开视频会议等等事宜。**孩子们在这天就是一个职场见习生，不仅可以实际了解各行业的甘苦，也让自己在未来工作选择上不受传统职业性别角色的限制。**

从德国行之有年的职场体验日来看，不同行业类别所提供的见习机会，让孩子从第一线亲身去探查工作内容是否与自己的兴趣吻

男孩日/女孩日不只是让孩子走马观花听导览而已，大部分企业和机构除了介绍完整的工作内容外，还会提供符合孩子能力的实作体验。

合，可以想见德国对职业技能教育的重视。

自十岁开始，孩子们每年可以自由报名参加这个活动，到了十六岁开始决定选校时，大部分学生都已经大略清楚未来的志向。

从小扎根的职业技能教育，是德国竞争力的基础

德国职业学校以独步全球的双轨制（dual system）培育出各行业的专业技术人才，这无疑是德国经济强盛的主因之一。双轨制顾名思义就是理论和实务并重，一般来说技职学校的学生每个星期只需要到学校上两天的理论课，其余的时间都到相关的公司企业去实习，这样的职业技能教育为时至少三年。

所以，要进入德国的职业学校，得先申请，看是否有企业愿意提供相关实习的机会，而企业因为要按照政府的法律规定给付实习生工作津贴（实习期间的平均月薪约税前900欧元），并需要花费人力、时间去培训这些职校学生，所以企业只有在内部有需要时，才会开放进入公司实习的名额。正因为如此，企业对在公司实习人选的遴选相当谨慎，之后也会尽力培训其专业技术能力，从中再挑选足以适任公司职务的人选。德国技职学校毕业后的出路明确，这些专业技术人才的薪水所得，甚至远胜于一般在办公室任职的白领阶层。

双轨并行的职业技能教育，不但能确实掌握市场核心脉络，也更深一步地精壮企业实体的竞争力。

在德国，只凭借着高学历就想进入企业或机构任职，几乎是不可能的一件事。由于对实务经验的要求，原本只在职业学校施行的企业实习制度，也在德国大学逐渐变得普及，在相关企业的实习经验甚至列为部分大学毕业的条件之一。

近年来，从德国的总工作人口比例来看，德国的高职（Berufsschule）约占54%，专业进修学院（Meisterschule）约占10%，两者相加后超过总工作人口的六成以上；德国大学毕业生只占了18%左右，剩下的18%则被归类为不具专业技能的工作人口（unskilled）。

德国的专业进修学院的考试审核标准相当严格，不论是术科或学科的考试，只要不符合标准，全班一起被评价为不合格重修的事屡见不鲜，最后能顺利毕业拿到证书的学生往往只占原班级人数的三分之一。学生在精准要求下被培养成具有职场"即战力"的人才，不仅在德国找工作不是问题，德国职校硬底子的专业技能即使放眼全球，也备受青睐。

在德国有一句俗语说"Handwerk hat goldenen Boden."单看字面上的直译是"有技术就有黄金地板"，这里所指的黄金地板就类似中文里的铁饭碗，意思是只要学得一身好技艺，将来无论到哪里都不愁吃穿。这样的信念在德国相当普及。大学学历在职场并不特别吃

从男孩日/女孩日到职业技能教育的完备培训，德国彻底落实"术业有专攻"的教育精神，让孩子能择其所爱，爱其所择。

香的情况下，选择进入大学的人也就少了。

从孩子们的男孩日/女孩日到职业技能教育的完备培训，不难理解德国的经济为何得以稳健成长，更以彻底落实"术业有专攻"的教育精神，让孩子能择其所爱，爱其所择。

PART 2
第二部分

助 跑！

德国优质教育全方位能力
养成之道

- - - - - - - - - - - - - - - - -

创造环境、给孩子练习的机会，
贯彻"细节成就一切"
的铁血教育

务实的德国人相信，由小事做起才能成就大事。

给孩子们年龄相符的学习任务，不低估孩子热爱学习的天性，按部就班让孩子在一次次"做得到"的成功经验中，享受自豪与得意的心情；给孩子"勇敢说不"的机会，练习坚持与毅力；让孩子在面对冲突时不退却，找到捍卫自己的勇气……

第七章

生活自理&自豪与独立

——不因为赶时间、嫌麻烦，而剥夺小孩的学习机会

有天下午，班上两岁的迈克斯蹦蹦跳跳地跑过来找我。"凯特，你看！"他手指着裤子，两眼圆睁，很得意地看着我。

原来他午觉刚睡醒，第一次自己试着成功地把裤子穿起来。我仔细一看，发现他把裤子穿反了，裤子后边的两个大口袋跑到前面，裤前拉链卡着屁股肉当然也没拉起来。我看着迈克斯说："你做得很好，自己开始练习穿裤子了，是真正的小男子汉。"他开心地和我击掌。

三点半吃完点心后，家长陆陆续续地来接小孩。没多久，迈克斯的妈妈也来接

"唉！迈克斯你裤子穿错面了噢。"

VS

"你做得很好，自己开始练习穿裤子了，是真正的小男子汉。"

他下课了。我向她简述迈克斯今天过得如何，趁着孩子还没到，我压低音量小声地对她说："他今天第一次试着自己穿裤子，虽然裤子穿反了，但是我希望我们先暂时不要纠正他裤子穿错面，因为他好开心。我想再多试几次，他应该很快就会记住要把有拉链的那面穿到前头来。"

妈妈笑了笑说："当然，他愿意去试着自己做最重要。"

在那之后，迈克斯每天午睡后都会练习自己穿上裤子，有好几次还是穿错面，一直到他学会认裤子的正反面、能正确穿脱，大概又花了三个月的时间。

用鼓励代替纠正，让孩子保有"我做到了"的成就感

德国幼儿教育中，生活自理能力是必修的一课。学用餐具吃饭，用水杯喝水，学会穿脱鞋袜等等。德国人喜欢按部就班，所以在教孩子任何一项自理能力时，都会拆解成几个动作让孩子分阶段练习。

以穿裤子而言，我们通常都会先让孩子看一下裤子的正反面，再帮孩子把裤子翻到正面，让他们练习自己穿。孩子第一个学习任

德国老师和家长都认为孩子能从学会基本自理能力慢慢建立自信心。

务是只需要顺着裤腿儿伸出脚掌来，学习如何将裤头拉上来的动作。

此时，德国老师会在一旁鼓励地说"Zieh! Zieh!"，意思是"往上拉"，但是孩子在练习过程中不时会发生裤子穿反的状况，这时候老师们不会刻意纠正，因为此时的主要阶段学习任务是练习往上拉的动作，等动作熟练了，才会再细教孩子如何分辨裤子的正反面，不过通常绝大多数的孩子在练习一阵子后，就逐渐知道如何分辨，迈克斯也不例外。

幼教老师和家长都认为，孩子能从学会基本自理能力而慢慢建立自信心，没有人会想用速成的方法让孩子学会。他们会尽量避免频繁的叮咛提醒，即便孩子可以因此学得比较快。举例来说，当迈克斯开开心心地向我展示他自己好不容易穿上的裤子，我倘若不留意地说出"咦！迈克斯你穿错面了噢"，他也许会不以为意地走开，但另一种可能是，他听了我的话把裤子重新穿好后，却彻底失去了"自己穿裤子"的自豪。

实际上，对这个年龄的幼童来说，学得多快并不是重点。德国幼儿教育希望赋予孩子们的，是信赖自己的能力，是一步一步努力达成的成就感，还有错了再试的勇气。

当幼龄孩子开始学一样新技能，过度或过早地提出纠正，都会

德国人喜欢按部就班，所以在教孩子任何一项自理能力时，都会拆解成几个动作让孩子分阶段练习。

使得孩子习惯"自己总是错的",日后可能会相对依赖他人的指正才相信自己做得正确。

长期作战的心理准备：就算孩子耍赖发懒，一点都不让步

德国幼儿园相当早就开始放手让孩子自理。

用餐时间，二十个平均年龄两岁的小孩全部都乖乖地坐在椅子上自己拿着叉子用餐。德国人很坚持要让孩子学会用叉子和汤匙吃饭，不怕他们掉在地板上的食物比实际吃进肚子的还多，就怕他们一直学不会正确使用餐具，所以并没有允许孩子用手抓面或食物、任凭他们"自由挥洒"的这种情况发生。

午餐结束后，有些刚学会自己吃饭的小孩常常都变成南瓜脸、西红柿脸（依当日酱料为准），于是他们会到洗手台接过湿毛巾，练习把沾满酱料的手脸擦干净。

喝水也是一样。刚入园的新生，从硅胶奶嘴的宝宝开始学习水杯使用起，接着用塑胶水杯，等到水杯用习惯了，再教导孩子们如何自己一手拿稳水壶，一手抓着水杯，然后倒出适量的水在水杯里。

德国幼儿教育，从生活最基本的每个环节学起。可想而知，要教会这些小孩学会自理，势必得长期作战。

刚开始，小孩可能会一个下午打翻五次水杯，或花三十分钟穿一条裤子。特别是穿脱衣物，时常会发生小孩闹脾气、发懒、装傻、不想自己穿诸如此类的状况剧，遇到这种情形，德国幼教老师可是一步都不会让。

记得有一次，大家正整装准备出发到附近的公园玩，眼看全班几乎都快换好衣服鞋子了，班上三岁的史蒂芬还赖坐在地板上，连鞋子也还没脱。德国老师安妮见状便催促着说："史蒂芬，请自己换好鞋子，我们快要出发了。"

史蒂芬装作没听到地继续打闹玩耍。过了十分钟还是没动静之后，安妮老师走到他面前，认真且严肃地说："请你现在立刻换上外出鞋，如果你需要帮忙可以说，我们要出发了。"

史蒂芬只回了一句："不要！"

安妮老师又问："你不想去公园吗？"

史蒂芬："想！"

安妮老师："想一起去公园的话，请赶快把鞋穿上噢！"

走廊这头的史蒂芬还是不为所动地说："不要！"

如此这般鬼打墙地一来一往了几次。

安妮老师也没动怒，就牵着史蒂芬的手走进教室内，对着留在教室做主题教学的我交待了一声："凯特，史蒂芬不想自己穿鞋子，那么很遗憾他不能跟我们一起去公园玩了。"随即关上门，带着其他小孩出发。

史蒂芬见状立刻大哭，很快地把鞋子穿好，可惜的是队伍已经走远了。

当天下午，史蒂芬的妈妈来接他。像往常一样，她问史蒂芬今天是否玩得开心，他回答不开心，因为没有去公园玩。

安妮老师解释原委后，妈妈说："啊，好可惜啊！今天天气真好耶。"我们猜想她心里也许不太愿意史蒂芬被留在园所，但也尊重老师的应对方式。

接着，她转过头对史蒂芬说："那你现在想去公园玩吗？想的话，赶快自己把鞋子换好唷。"这会儿只见他毫不犹豫地马上开始穿鞋，妈妈看了我们一眼，也笑了出来。

让孩子轻松学穿脱衣物，成功达成的三大关键

固然我们都明白基本自理能力之于孩子的重要性，但是对忙碌的现代父母而言，理解和实践却存在着不小的差距。想放手让孩子练习穿衣穿鞋，最后被折腾的往往是看着时钟跳脚的爸妈。上班已经快迟到了，小孩还呆坐在地板上鞋袜都没穿好，不少爸妈这时索性不等了，火速帮孩子穿整好就赶着出门去。于是，每日早晨总是在炮声隆隆中急急忙忙到校、上班。孩子学不会自理，父母的代办清单自然不会自动少一件。

过度或过早地纠正错误，会使得孩子习惯"自己总是错的"，日后容易依赖他人指正，才会相信自己做得正确。

比起学科或才艺课，德国人相对地更加重视孩子的自理能力。

因此幼教老师和爸妈之间会积极沟通，确定学校和家里的学习同步，奉行以下三大关键原则，协助孩子学会自理：

（一）务必挑选可以轻松穿脱的衣物。

不管是在学校或家里，尽量帮孩子选择裤头是松紧带的棉质运动裤、宽松T恤等容易穿脱的衣物。

在孩子刚开始练习时，最好避免吊带裤或是排扣衬衫、皮带等穿脱较繁杂的衣物，鞋子的选择也最好以粘扣取代需要绑鞋带或系上扣环的鞋款。这样可以简便穿脱的衣物让孩子一开始练习的时候比较好上手，也不会因为难度过高而放弃学习。

（二）状况允许下，让孩子决定自己要穿的衣物。

德国小孩不穿制服上学，父母也多了一个决定孩子该如何穿搭的难题。从两岁开始，孩子们会开始对穿什么衣服表达意见；明明是个艳阳高照的好天气，孩子却可能执意要穿长袖的衣服，外加上一双雨鞋。

有些孩子为了要穿自己喜欢的衣服出门，可是会意志坚决地奋

比起学科或才艺课，德国人更加重视孩子的自理能力。因此老师和爸妈会积极沟通，确定学校和家里的学习同步。

如果孩子需要二十分钟的时间脱掉鞋子，

就给予他所需要的时间。

不催促孩子为什么脱个鞋袜耗时过久，

也不轻易代劳帮他们完成。

对德国人而言，孩子若能从小认知到

穿衣穿鞋是要"自己完成"的事，

就更不容易在日后有抗拒学习自理的依赖心态。

战到最后一刻，让早上原本就相当有限的时间再压缩至爸妈几乎要抓狂大叫的境地。

不少德国父母会因此放手让孩子选择外出服，或是前一晚预先准备好几套衣物，隔天一早再让孩子从中选择一套喜欢的，这样的做法会让孩子在有限的选择中觉得自己还是有点决定权，也让他们更有动力学习自己自理穿衣。

（三）父母的耐心和毅力是关键，请把孩子的练习期拉长。

对德国人而言，孩子若能从小认知到穿衣穿鞋是一件要"自己完成"的事，就更不容易在日后有抗拒学习自理的依赖心态。

不管家里或幼儿园，一岁就开始每日不厌其烦地重复教导孩子种种基本自理事项，练习的时间也拉得很长，按部就班，先让孩子慢慢练习自行脱下鞋袜，等熟练之后，再开始训练孩子自己穿鞋，渐进式地增加学习难度。

孩子从会脱鞋袜到能够自行穿鞋，往往需要一整年的时间每天练习；两岁开始学穿脱裤子，最后才学穿脱衣服；到三岁的时候，大部分的德国小孩都已经可以轻松打理自己穿衣穿鞋。

当然，一岁多的幼儿学脱鞋袜仍然有点难度，刚开始老师和家

孩子一岁开始，从脱鞋袜到能够自行穿鞋需要一整年每天练习。两岁开始学穿脱裤子，最后才学穿脱衣服。三岁时，大部分德国孩子都可以轻松打理自己穿衣穿鞋。

长都需要观察孩子的能力，示范拆解动作，适时提供帮助。如果孩子需要二十分钟的时间脱掉鞋子，就给予他所需要的时间，不催促孩子为什么脱个鞋袜耗时过久，也不轻易代劳帮他们完成。有些德国父母甚至会在每日的早上行程里排进孩子自理的练习时间，避免在时间压迫下失去耐心而剥夺其学习机会。

幼儿园的第一课，很符合一般人对德国人务实的既定印象——从基本自理学起，从生活学起。

德国人相信，由小事做起才能成就大事。给孩子们年龄相符的学习任务，不要低估孩子热爱学习的天性，因为脱离依赖的孩子，才能一步一步建立自信，学习独立。

第八章

仪容整洁&人缘与自信

——如何维护个人基本卫生，也是学习自理的一部分

一进门就看到尤拉老师在帮三岁的费琳娜梳头发，我随即问道："今天早上还是一样吗？"尤拉无奈地点点头。她顿了一下后回应说："我们趁今天的午休时间开会讨论一下吧，这样下去不是办法。"

于是，那天我们开会讨论的重点是，如何改进费琳娜每天早上上学时的服装仪容。一般而言，德国老师和家长，都把"小孩玩得一身脏污"视为每天必然会发生的事，不会有人因为怕小孩玩脏衣服或一头乱发而限制孩子不能去玩，因此家长都会不定时检查孩子在幼儿园的置物柜是否有

工作家庭两头忙的双薪爸妈，能准时地送孩子上学已相当难，孩子在车里睡得东倒西歪，一头乱发或衣着不整在所难免。

VS

对学前的幼龄孩子来说，例如睡前帮孩子梳头，或是起床后都帮孩子打扮，让他们有被爸妈关心疼爱的感觉……

足够的衣物可供替换。但玩归玩，衣服弄脏没关系，换上干净的就好，头发乱了也可以再梳整好，可是小孩必须干干净净、穿着得宜地上下学，这是德国幼儿园的重要守则之一。

"可以具体说一下是什么情况吗？我不是很清楚。"新来的同事凯莎问道。

我们其他四个老师便逐一列出费琳娜父母打点孩子仪表上疏漏的地方：

（一）孩子上学时，衣着不整，或穿着已严重污损的衣物到校。

（二）双眼布满眼屎未清，脸上也常有已干掉的鼻涕附着。

（三）蓬头乱发到校，孩子头发打结毛燥严重，明显可以看出小孩起床后未经梳整即赶着出门。

凯莎听了之后问："上学的衣服？你们所谓的衣着不整是什么意思？"

尤拉补充说道："我们当然不是指孩子要穿多好的衣服到校，但至少不要让孩子穿明显已经破损不堪的衣物。上次费琳娜来上学时只穿了一件长袖上衣加上毛裤袜，毛裤袜已经破了一个拳头大小的洞，而她身上的那件毛衣还是幼儿园提供的备用衣物，因为她根本已经没有可以替换的上衣。提醒了好几次，请爸妈带几套孩子的衣物到校，还是常常忘记。"

小孩必须干干净净、穿着整齐地上下学，这是德国幼儿园的重要守则之一。

"费琳娜的爸爸是德航的机师，妈妈是律师，双方都忙于工作，每天孩子都是最早送来，最晚回家。"尤拉继续说，"这当然无所谓，但是最起码得让孩子干干净净地上学吧。昨天一早，费琳娜也是一头乱发上学，我于是帮她绑了辫子，很显然她昨晚头发没解开就上床睡觉了，然后今天一早顶着已经散乱的辫子头来学校，满脸的鼻涕也不擦。帮孩子整理好仪表，可不只是幼教老师的工作。"

"我同意。"凯莎点点头说，"家长的确应该帮孩子把服装仪表打理好再送到学校，就如同我们也都让孩子面容干净、穿着整齐地放学。"

教育这件事，父母不能只是期待老师认真

"孩子们玩得多脏都可以，但是他们同时也必须了解到，玩的时候不需害怕泥泞，可是游戏结束后，换上干净的衣服，把手脸都洗干净，头发梳整好。孩子得要懂得维护个人基本卫生，这也是学习自理的一部分。"尤拉说道。

"有道理。"我说，"虽然费琳娜只有三岁，但是现在的家庭教育很可能会影响到她将来的生活习惯。如果父母觉得一头乱发来学校不是很严重的事，那她要学会如何打理好自己的仪表，就更加困难了。"

家庭教育会影响孩子将来的生活习惯。如果父母觉得一头乱发到校不严重，那孩子要学会打理好自己的仪表就更加困难了。

"你这么一说我突然想到，其实不只是仪容整洁的问题而已。"另一位德国同事安妮也加入讨论，"这也会引发孩子自信危机和交友的问题，严重的话也容易成为被同学霸凌的对象。"

"没错！"我回应安妮的说法，"现在她才三岁，也许问题还不大，但是如果情况不改善，等她再大一点，其他同龄的孩子可能就会开始有意无意地嘲笑她的穿着和乱成一球的头发，甚至乱取绰号之类的。"

尤拉于是下了结论："这问题可大可小，看情形我们得安排单独的家长会谈好好进行沟通。"

一周后，我们几位老师一致达成共识，由尤拉去和家长沟通。会谈的内容，除了请家长留意孩子上学时的仪容整洁，也进一步向家长解释卫生习惯必须从小养成的重要性。家长也许因为工作忙碌，很多小状况无法及时察觉，但日积月累下来，这些小状况却可能会衍生出其他层面的问题。**尤拉明确向家长表示，这次的会谈过程会记录下来，隔一阵子校方会再次评估状况是否得到改善，因为教育原则必须学校和家长一起合作，才能落实。**

很幸运的，费琳娜的家长非常明理，也同意校方的教育原则，并为自己照顾上的粗心致歉，承诺会全力配合，多花心力注意孩子的仪表和整洁卫生。

帮孩子打理服装仪容，传达的是父母疼爱的心意

工作家庭两头忙的双职工父母，每天能准时地送孩子上学，已

经有相当难度，有时开车上学途中，孩子在车里睡得东倒西歪，到学校后一头乱发或衣着不整，也在所难免。

不过在德国幼教老师的眼里，不管工作再忙再紧迫，没有一个职位头衔比"父母"这个角色更重要，因为教养孩子的重大责任，不能永远只期待老师一肩扛，事事代劳。

父母之于孩子，是"无私的爱"和"支持"两种能量的存在，而这些能量常常是透过生活中琐碎的小事展现出来，尤其对学前的幼龄孩子来说，例如睡前帮孩子梳头，或是起床后帮孩子打扮，都让他们有一种被爸妈关心疼爱的感觉。换句话说，有些事固然可以请人代劳完成，但他人却无法代替父母传达爱的心意给孩子。照顾孩子衣食住行是身为家长最基本的责任之一，如果连这点都做不到，那就更别说要教育孩子了。

德国幼教老师也不是不能理解身为家长的难处，说得更清楚点，**希望家长注意孩子的仪容是否合宜背后的意义，也是想提醒家长在百忙之中不要忘了"看见孩子"，多花点心思注意孩子的身心状况，因为除了吃得饱睡得好，孩子的情感需求也必须同时被满足。**让孩子整洁干净地上学，绝对是每个家长的基本功。

孩子仪容整洁不达标会引发自信危机和交友问题，严重的话还会成为被同学霸凌的对象。

第九章

勇敢说不&坚持与毅力

——任性？有主见？是独立意志的一体两面

看着爸爸一离开，三岁的乔安娜顿时理智断线，双手不停地拍打幼儿园的玻璃大门，想把刚刚离开的爸爸唤回来："爸爸！呜呜呜……爸爸……"

"乔安娜，等你下午吃完点心后爸爸就来接你了。"我试着安抚着，"我们先进去教室好不好？想不想玩拼图？"

"不要！"她手一挥把我推开，不只鼻涕和眼泪齐流，小小的脸也气得通红地继续大喊，"爸爸……"

平日乔安娜大都是妈妈接送上下学，今天早上爸爸因为休假的关系，难得地送

> 觉得孩子固执难调教，陷入与孩子之间的情绪角力，想尽办法要孩子服从，学会乖乖听话……

VS

> 拥有超强意志力的倔傲孩子，通常很早就清楚自己的喜好，遇到困难会一再尝试找出解决方法。只要适时引导，其实是个优点。

她上学，于是就"加演"了这场离别哭戏。

让她整个人趴在玻璃门前一直大哭实在也不是办法，于是我拉起她的手想带她进教室，这下子乔安娜又滚又踢地奋力抵抗，不想离开。硬把她抱进教室后，我人也快累瘫了，但乔安娜显然对我擅作主张把她抱进教室感到异常愤怒，她越哭越厉害，一边哭脚一边踢……这还不打紧，这小妞最令人头痛的是，只要一发起火就会开始脱鞋袜然后随手扔出去，如果气还没消，她便接着脱下裤子，最后连纸尿裤都会被扯掉。光着屁股在地板上的乔安娜继续嘶吼哭喊。

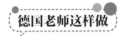

过度安抚和一味斥责，教养不出勇敢独立的孩子

要停止乔安娜这种不定时的情绪火山大爆发，事实上我只有两种选择。

一是顺她的意，打电话告诉爸爸她哭闹不停请考虑把她接回家；二是静待她自己把生气的情绪发泄完毕。

对于倔强的乔安娜，好言好语的安抚或疾言厉色的制止都没用，一旦情绪上来了，她绝对软硬不吃。

> 德国老师之所以不立刻强硬制止孩子哭闹，因为这代表他能清楚表达并坚持自己的喜好，正在体认自己是独立于爸妈之外的个体。

当然，我不可能也跟着乔安娜理智断线，只要确定她没有身体不适，我多半任由她哭闹，衣服鞋袜扔一地也不急着帮她穿上。

过了十五分钟，我从哭声判断她的怒气应该告一段落了，便走过去对她说："乔安娜，艾蜜莉在前面玩拼图，你想不想一起玩？"

还赖在地上不肯起身的乔安娜考虑了一下，回答："好。"

听到她的回答，我总算松了一口气，顺势说道："没问题，我先把拼图组合拿出来，你穿上裤子鞋袜后，赶快来自己选一幅拼图玩吧。"

乔安娜立刻起身开始穿上鞋袜，接着把那件被扔到一旁的裤子捡回来穿上。半小时前的狂风暴雨，突然一秒后情绪放晴，她像什么事情都没发生似的就跑去玩拼图了。

班上另一个和乔安娜有着同样倔傲脾气的是两岁的艾瑞克。举凡穿的衣服、坐的椅子、尿尿的马桶，他都可以有意见。一旦不满意某个小细节，他会不停哭吼到整个幼儿园都地动山摇的地步。

有一个夏日午后，全班整装准备到附近的公园去玩。安珂老师出发前询问孩子除了沙坑玩具，还想带什么去公园玩，足球或画水泥地的大粉笔可以再选一样，大家很快地选了足球。

正要出发时，原本同意的艾瑞克却临时改变心意，想把粉笔也带去公园画画。安珂老师向艾瑞克解释我们已带了很多玩具去公

孩子外出时坚持自己背着后背包，吃饭时也坚持坐跟其他大孩子一样没有椅背的圆凳……种种行为充分展现他"想要长大"的决心。

园，如果他想用粉笔在地上画图，等我们从公园回来，在幼儿园的花园也可以画。

但是显然艾瑞克不想听劝，开始闹别扭哭喊着要粉笔。安珂老师认为不能让全班在一旁枯等，也不能因为他哭就妥协，于是牵着他的手就出发到公园。艾瑞克一路上边哭边走，还一度赖在地上不肯起来，折腾了好一阵子总算到了公园。

原先以为等艾瑞克到了公园，应该就会注意力转移而停止哭泣，谁料到一路哭到公园的他仍然战斗力高昂，被带进公园后竟然试图想把拴上的安全铁门给撞开，手脚并用地想从铁门的栏杆穿越过去，试了几次发现不可能后，又再次开始嚎啕大哭起来，往幼儿园的方向哭喊着："粉笔……我要粉笔！"

安珂和我们几位老师互望一眼，苦笑着两手一摊说："这就是艾瑞克啊，真是个戏剧之王（Drama King）。"

乔安娜和艾瑞克算是全班里面脾气最顽强的两位。所有老师都清楚当他们正在闹脾气时，这时很难有一招奏效的方法令他们马上停止哭泣，所以并不会随着孩子的情绪起舞，也不严厉地指责他们哭闹的行为。**过度的安抚和斥责往往只是再度延长孩子的负面情绪。**

德国老师认为，孩子哭闹并不一定是负面的一件事，特别是对幼龄的孩子来说，哭泣其实像是种情绪治疗，不妨耐心让孩子发泄完负面情绪，等孩子恢复冷静后，再好好地跟他谈一谈。

只要不放弃该有的原则，不全然冷漠以对，孩子想哭的时候就让他们哭吧！

别教出妈宝，从容应对2～3岁"第一个成长叛逆期"
——包容孩子难搞的情绪与个性，但教养原则绝不退让

德国老师之所以不会想要立刻强硬制止孩子的哭闹行为，还有另一个重要的原因：他们觉得一个小孩能够清楚表达自己的喜好，为了某些事情会有所坚持，那是因为小孩其实正在体认到自己是独立于爸妈之外的个体。

拥有这样超强意志力的倔强孩子，通常很早就清楚自己的喜好，对学习具有高度热诚，在遇到困难时往往会一再尝试，找出解决方法，只要家长适时加以引导，这个特质其实可以是一个优点。

如果父母或老师总是觉得孩子固执难调教，一再陷入与孩子之间的情绪角力，想尽办法要孩子服从，学会乖乖听话，不但可能会适得其反，也欠缺正确引导孩子情绪的方式方法。

撇开倔强的个性不说，乔安娜和艾瑞克的确是非常好学且坚毅的孩子。

两岁多的艾瑞克，虽然爱哭爱闹，常常一不小心就踩到他的情绪地雷，但是他在很小的时候就学会如何自理。一岁时就已经会自己脱

所有的教养方式，若没有建立在了解孩子的个性倾向上，就很难真正奏效。

鞋且自动把鞋子放回原位；下午爸妈来接他回家时，不需提醒也会自己把玩过的玩具收拾好，才开心地奔向爸妈的怀抱；外出时的后背包一定坚持自己背着；即使是吃饭时，也会坚持坐在跟其他大孩子一样没有椅背的圆凳上……种种行为举止充分展现了他"想要长大"的决心。有时看到他牛仔裤脱到一半卡住脱不下来，气得哇哇叫时，想说帮他一下，艾瑞克会急得大叫："自己来，我自己来！"

而三岁的乔安娜也是如此，事情不爱假他人之手，这样的个性让她非常快地就学会自理穿脱衣物的能力，户外教学时走再远的路程，她也几乎不曾喊累要坐推车。除此之外，乔安娜很早就表现出对艺术强烈的兴趣，各种美术活动都热衷参与，无论是水彩、陶土还是拼贴画，个性执着的她会专注地坐在位子上，非得将作品完成才肯离开。

二到三岁这个难搞的年纪，不只是孩子人生中的第一个叛逆阶段，此时更是幼儿人格建立的黄金时期，管教尺度的拿捏常令家长和教师头痛不已。

乔安娜和艾瑞克的例子并不是想告诉大家，家有固执任性的孩子就不用管教，而是从我自身的经验来看，所有的教养方式，若没有建立在了解孩子的个性倾向上，就很难真正奏效。

　　务必允许孩子拥有可以"哭闹的权利"，因为每一个任性的孩子，其实都在心中壮大想要自我独立的能量。

我曾看过一些家长和老师，几乎是用恐吓的方式命令孩子"三秒停止哭泣"，其实这样勉强孩子压抑情绪的方式，除了让孩子缺少机会练习处理自己的负面情绪，也等于间接告诉孩子你不允许他拥有自己"独立的意志"，日积月累下来，家长可能不自觉地削弱了孩子"想要长大"的决心。

因此，当家中小霸王/小公主发脾气时，建议家长可以先自我心理建设：提醒自己孩子的情绪正在高涨，不跟孩子的负面情绪互相拉扯，也绝不轻易退让的重大教养原则，但是务必允许孩子拥有可以"哭闹的权利"，因为每一个任性的孩子，其实都在心中壮大想要自我独立的能量。

换个角度想，孩子的成长路上，难免会有障阻难行的时刻，这时心志不够顽强，是很难坚持下去的。宁愿在孩子还小的时候，让他们拥有能够勇敢说不的能耐，也不要等孩子大了还无法脱离爸妈羽翼，成为一个无法自立飞翔的妈宝。

第十章

化解冲突&捍卫自己

——面对可能的校园霸凌，德国人这样培养孩子解决问题的能力

还记得在中国台湾幼儿园工作时，班上有孩子被咬被打是所有幼教老师的噩梦。下午家长来接小孩的时候，如果没有把小孩毫发无伤地交给家长，可能免不了要遭到家长质问或一阵数落。

幼龄孩子咬人、抓人或拉头发等等看似攻击性的行为，其实是幼儿发展中相当普遍的阶段性问题。就以咬人来说，造成这行为背后的原因很多，也不是单纯用教化就能一次解决的简单问题。

尤其是一至三岁孩子在长牙或语言能力不足的时候，面对冲突的情境，如抢夺

孩子哭着要求爸妈帮他们出头理论，爸妈立刻气急败坏地要对方家长负责……

VS

"孩子世界的游戏规则并不是大人说了算，里欧不能一直害怕比他高大的孩子，他若不想接受别的孩子订的规矩，就得找出方法来。"

玩具，往往本能地依赖身体去表达自己的情绪，抑或是当作保护自己的方式。

1～3岁孩子咬人、抓人、拉头发，是本来就会发生的事

在德国，孩子被咬被打，父母对此反应都非常淡然。最常说的一句就是"Es passiert"，意思是"这本来就是会发生的事"，也不会继续追问到底是哪一个孩子咬人或打人。然而，一至三岁幼儿的肢体攻击行为，可以用幼儿发展常见现象解读，但是四岁以后，如果这种行为仍持续甚至恶化，可能就会演变成最令父母忧心的同伴霸凌问题。

其实霸凌发生的时间起点远比很多人想的更早，看似无忧无虑的学龄前儿童，也可能会被迫面对不同性质的同伴霸凌。

特别是在德国幼儿园里，孩子们自由玩乐的时间相当充裕，加上幼教老师不会无时无刻在旁盯着孩子们玩，更容易发生。虽然大部分的肢体攻击行为都会在语言掌握能力成熟后停止，不过，以言语或关系霸凌同学的情况却不少见。

幼龄孩子咬人、抓人或拉头发等等看似攻击性的行为，其实是幼儿发展中普遍的阶段性问题。

幼儿园最常发生的情况之一，是有的孩子会独占玩具或游乐设施，不让其他人使用。班上有个四岁的大男孩偶尔会把所有的玩具汽车全部藏在他坐的地毯下，自己并没有要玩车子，却藏起来不想让别人玩；也有的孩子会在公园里，不断地把沙坑的沙子倒在别的孩子头上或外套里，情节严重一点的会有小团体刻意排挤某个小孩……这时，孩子是否有足够的能力去抗衡来自同伴种种不友善的对待，便显得格外重要。

不想接受别人的游戏规则，就得自己想办法

"不行，你不能上来，这是我的城堡。"站在溜滑梯上的四岁的菲力对着下头正要爬上去的里欧大喊着："你不准上来，是我先到的！"

两岁的里欧看了菲力一眼，顺着阶梯爬了下来，走到滑梯的另一头想再攀上去，菲力马上就注意到了地盘再度被"侵入"，回过头去又对着里欧大叫："不行！我说过你不可以上来！"

里欧这时也生起气来，对着菲力尖叫。

看到这里，我实在忍不住，走过去对菲力说："请问他为什么不能上去？"

肢体攻击行为会在孩子的语言掌握能力成熟后停止，不过，以言语或关系霸凌同学的情况仍不少见。这时，孩子是否能抗衡同伴不友善的对待，格外重要。

"因为……因为是我先爬上来的。"菲力小声嗫嚅地说。

"你先上来就是你的溜滑梯,是吗?"我面无表情地反问他。

菲力没说话。我于是接着说:"那你等一下就不准下来喔,因为下面的地全都是我和里欧的,你觉得这样好吗?"我转过身指着远处的秋千:"那边的秋千等一下你也不能玩,因为艾蜜莉正在荡秋千,所以应该也是她的啰!"

菲力顿时像消了气的气球,摇摇头回答:"不是。"

"我再请问你一次,可不可以让里欧也上去玩呢?"我微笑着问。

菲力点点头,没有多说什么。我想他心里有点不甘心,便接着对他说:"我觉得这是个好主意,你让里欧上去玩,等一下你也可以去玩别的设施,整个公园就是大家共有的,这样不好吗?还是你只想玩溜滑梯就好了?"

"不好。"他斩钉截铁地很快回答我。

"这就对了。谢谢你的合作。"说完我便离开。

原以为事情应该就此落幕,没想到才隔一天,这占地为王的戏码竟然又上演,只不过发生的地点换到了公园内的小屋,证明了前一天我自以为巧妙调解争执的问与答没什么作用,于是我决定拉长战线,先暂时站在一旁观察不介入。

"这是我们的秘密基地,你们不能进来。"菲力的说法几乎完全没变,旁边还有个同年纪的好朋友史蒂芬撑腰。

"进去,让我进去。"两岁的里欧用手指着小屋里面说道。

"不行!"菲力拉高嗓音,仿佛要壮大声势地击退入侵者。

被拒绝的里欧不知哪里生来的想法，突然硬生生地想要强行闯入小屋里面，但是史蒂芬用身体挡住小屋的入口，推了里欧一把并大吼："走开！"

不得其门而入的里欧大声哭了出来，这时同样两岁的艾瑞克走过来凑热闹。他显然不知道发生了什么事，看到小屋里有人马上就被吸引过去，不过他也同样被菲力和史蒂芬这两个大男孩挡了下来："不行！这是我们的。"

站在一旁观察的我，极力克制自己想要过去帮忙的念头。我提醒自己，只要双方没有大打出手，就尽量不要干涉孩子间的争吵，同时也很好奇一向意志力坚强的艾瑞克会不会就此放弃。没想到，十五分钟后，没有吵架，没有肢体冲突，与里欧同年纪的艾瑞克开开心心地进入小屋，成功地与公园里的两个小霸王相抗衡。站在一旁从头看到尾的我，总算有点心得。

德国老师这样做

不过早涉入孩子纷争，退一步观察行为始末

还原一下十五分钟前的情况。

当艾瑞克被两位大男孩挡在门外的时候，跟先前里欧不一样的

如果发现孩子常常被欺负，我们就要及早介入，避免情况恶化。

地方是，他没有太多情绪化的反应，也没有立刻离开，过没多久他把沙坑里的玩具带到屋子外头玩，像是要菲力和史蒂芬两人习惯他的存在似的，一个人待在屋子外玩。

过了一阵子，不知哪来的想法，因为那间小屋两侧各有一扇窗户，他先跑到窗户旁，对着里面的菲力和史蒂芬两个人拉长了嗓子喊着："哈……啰！"当屋子里的两人回过头去，他又立刻跑到另外一扇窗户外喊叫，像玩躲猫猫似的，来来回回绕了好几次，两位大男孩也开始觉得很有趣，在小屋子里来回追着跑，跑着跑着就追到外头来。艾瑞克机灵地溜进小屋里，又赶快跑出来，三个人追来追去，这时刚刚剑拔弩张的对立气氛已经消失不见，三个人很快地就在小屋里玩在一块了。

我从旁观察整个过程后，在心里归纳了几个重点，回到幼儿园后跟几位德国老师讨论今天在公园里的状况。

"这年纪的小孩很常见地认为东西都是自己的，或是你不准跟我玩之类的，这是否构成霸凌，需要再观察。"安妮老师听了我的描述后说，"但如果你已经发现里欧常常成为被欺负的对象，我们就要及早介入，避免情况恶化。"

"我知道，所以觉得有必要大家一起讨论对策。"我接着问，"同样的情况，艾瑞克却成功化解了冲突，你们觉得原因是什么？"

"他的反应。"艾拉老师说道，"他没有尖叫大哭或是屈服于有力量的一方转身离开，他留下来了，就算是待在屋子外面玩，但是他的平静情绪让另一方没有胜利的感觉，这就不会强化对方想要霸凌的想法。"

"他也没有强行闯入小屋，否则很可能会使对立的情况更加恶化，而演变成肢体冲突。对方是两位个头高他一截的大男孩，捍卫自己之前也要懂得适度保护自己。"我说。

"就算他赢了，那也不是孩子们应该学到的解决问题方式。"艾拉接着说，"总不可能每次遇到同样状况都来打一架吧。"

"没错，面对冲突，教孩子以牙还牙绝对不是最好的办法。"我补充说道，"我们若希望创造一个没有暴力的环境给孩子，就不应该告诉孩子以相同错误的方式回应。"

"我同意。"安妮对着我说，"处理孩子的霸凌问题，大人不能跟着情绪化。凯特前一天的做法很正确，她让菲力明白他的行为是不对的，也没有以威权去喝止他，而是借由问答的方式使他明白，公园是属于大家的。**老师先在一旁观察事情发生的缘由很重要，我们也不可能完全一对一地保护孩子，他终究必须学会为自己挺身而出。**"

全体讨论过后，我们很快地告知里欧父母事情的始末，也向他们说明我们已经告知其他孩子的家长，请他们留意孩子的行为，里欧父母的回应很平和，他们表示会加强孩子的情绪教育，也会多安排活动让里欧习惯如何在大团体和其他孩子相处。出乎我意料地，他们丝毫

面对冲突时，孩子没有尖叫或大哭，让另一方没有胜利的感觉，就不会强化对方想要霸凌的想法。

没有要怪罪对方家长的想法。我记得里欧的爸爸说了一段话：

"游乐园和公园是属于孩子的世界，那里的游戏规则常常并不是大人说了算，里欧不能一直害怕比他高大的孩子，他若不想接受别的孩子订的规矩，就得找出方法来。"

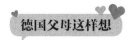

铁了心不出头，孩子必须学会捍卫自己

后来几次处理类似案例和德国家长沟通的过程中，我渐渐发现这样的想法其实与多数的德国家长无异，但这不表示他们漠视孩子受到欺负。他们内心固然很挣扎要不要从中介入，但多数的爸妈最后都只会提供几个建议给孩子，让孩子自己决定该如何处理。

德国人坚信孩子必须具备自信心和良好的社交能力，才足以应付各种不同形态的霸凌。他们认为应该放手让孩子去学习如何巧妙地解决冲突，而不是教孩子以相同的暴力方式回应。家长如果只告诉孩子被欺负时要还击，对幼儿园学龄的孩子来说，就缺乏练习以更理性安全的方式来避免争执。爸妈原本希望孩子自我防卫的意愿，反而容易让孩子错误解读成"拳头大才是硬道理"，也可能会因为

德国人避免过早介入孩子间的争执，会先观察一阵子，让孩子自己学会判断情况，做出反应，练习用言语和态度来代替拳头。

缺乏判读情势的能力，身陷危险中而不自觉。

当孩子在为了抢玩具或游乐设施而互相推挤时，德国人会避免过早介入孩子间的争执。他们选择先在一旁观察一阵子，让孩子自己学会判断情况，做出反应，练习用言语和态度来代替拳头。

有些孩子从一开始玩具被抢走会哭哭啼啼，进步到会拿别的玩具企图以较文明的方式来"以物易物"，或是被攻击时会反推回去大声说"住手！"。从互动过程中，孩子会慢慢发现，有很多方式比边打边哭更有效；试着以坚定的口气制止对方的行为时，其实正是向霸凌的一方释出"我并不怕你"的讯息，而大声喝止也可趁机让在附近的老师或大人听到，来注意状况，避免冲突升级。

大部分德国父母会做的，是多带领孩子去参与不同的课程活动，让他们有更多的机会去练习与其他孩子的社交互动能力。他们也会在家里演练可能的霸凌场景或对话，一步步帮孩子厘清过程中是否有更好的应对方法，面对恶意的言语攻击时，如何以幽默感化解，但绝对不会一旦知道孩子受到欺负了就立刻气急败坏地要对方家长负责。其中也发生过几位大孩子哭着要求爸妈去找欺负他们的孩子理论，这种情形下多数的德国爸妈都会拒绝，他们只会给予建议并引导孩子找出方法解决。

面对冲突时，有的孩子会拿玩具企图以文明的方式"以物易物"，或是被攻击时，会反推回去大声说"Stop!"……孩子会慢慢发现，**有很多方式比边打边哭更有效！**

"我可以帮助你一起找出方法来，但是我无法代替你去解决问题"是德国人在面对儿童霸凌问题时的铁血教育。他们固然会请老师从旁协助孩子面对问题，却铁了心肠不替孩子出头。

如此坚持不干涉"属于孩子世界的游戏规则"，其实是深切地希望孩子可以锻炼出"生存本能"，因为他们很清楚霸凌的现象绝对不会只出现在幼儿园里，往后在学校，在职场，在以各种形式存在的人际网络中都冷不防会发生类似的事件，**若爸妈没有让年幼的孩子累积处理人际关系冲突的经验，往后被霸凌的强度和频率就可能会增加，因此与其去要求别人"孔融让梨"，不如让孩子学会如何捍卫自己。**

陪伴孩子走过这个困难的阶段，让他们明白在人际关系中需要尊重他人的底线，而自己的底线也不应该被无故践踏。同时耐心地解释，爸妈不直接介入调解并不是因为不关心，而正是因为清楚唯有孩子自己正面击破冲突的困境，恶梦才不会一再重演。

第十一章

孩子的发言权&社交自信

——鼓励孩子用自己的方式和世界对话，培养独立思考的能力

某个炎热的夏日，我穿着一身简便的上衣加牛仔裤就去上班。吃早餐时，班上三岁大的乔纳生突然说："蝴蝶。那个是蝴蝶。"

我心想教室里哪来的蝴蝶，不解地问他："哪里有蝴蝶？窗子外面吗？"

只见乔纳生摇摇头回我说："在你衣服上的是蝴蝶。"

我低下头看着自己身上的衣服，发现乔纳生指的是我上衣的蝙蝠侠图案。我一秒喷笑了出来，心想也没必要解释他眼中的蝴蝶其实是蝙蝠。

家中有亲友来访，大孩子可能会客客气气地问好，年纪小的会躲在爸妈身后，然后在巧妙的时间点趁机离开。

VS

我的家人不会说德语，德国小男孩的英文也有限，但他有问有答，偶尔我们用中文交谈，他也一脸好奇，全然不觉得尴尬……

这样的事时常都会发生。有一回我给孩子们说故事，故事书里面出现土星的图案，当时乔纳生也很快地指着土星说："这是奶嘴。"土星美丽的行星环，乍看之下真有点像奶嘴，看乔纳生说得那么肯定，我也乐见他天马行空的想象。

德国老师这样做

教育指南第一条：不要指导孩子该怎么看这个世界

所有在德国汉堡幼儿园工作的幼教老师，都看过市政府发下来的教育指南手册。里面列载着大大小小的注意事项，而翻开册子的第一条，就是不要去指导孩子该怎么看这个世界。

每一个成人（当然也包括老师）对事物的看法，都是根据自身的生活经验所累积而成的。这当中或多或少会有个人偏颇的主观想法，所以很多事不是可以片面地断论黑白对错。而把个人主观的意见强加在幼龄孩子身上，不仅局限了孩子们的视野，更无法称之为学前教育。

正因为如此，德国学前教育，倾向于让孩子发挥他们的想象，以丰富他们的生活经验来寻找各种事物的答案。**这阶段孩子的学习**

德国学前教育，倾向于让孩子发挥他们的想象，以丰富他们的生活经验来寻找各种事物的答案。

生活是着重其想象力和创造力的发展，所以家长最好不要设框限制孩子的思维方式。相反的，应该创造一个可以双向自由对话的空间，让孩子练习表述，来拓宽自己的思路。

从另一方面来说，德国人认为在幼儿时期不停灌输大量地智识是一点意义也没有的。所有强学强记的知识不仅仅最后可能会忘得一干二净，而理应被激发的能力却可能因错误的教育方向而被破坏殆尽。所有的德国幼教老师都明白这个道理。因此除了基本生活自理能力，从不会强逼着孩子去学任何他不想学的东西，也不会纠正孩子各种天马行空的说法。

举例来说，有些刚开始学会说话的孩子，一整天会兴奋地吱吱喳喳地说个不停，像是想把脑中所学的字汇一次用尽，所以，语句内容并不一定能合乎逻辑或现实，我们班上的史蒂芬就是其中一个。他每个星期一来到幼儿园都会带着新故事。有时候他会说爸爸驾着火箭带他和妈妈去伦敦，遇见了什么好玩的事。我们也会顺着他的情节走，全班来一场想象力大冒险。

记得有回圣诞假期刚结束，开学日第一天，德国老师问班上孩子得到了什么圣诞礼物。

班上五岁的艾琳很快地举起手："我得到了一个洋娃娃的房子！

孩子对世界的理解，不应建立在大人给予的观念上。失去发言权的孩子，得花更长的时间体认到自己其实是独立的个体。

是我最想要的礼物！"

德国老师微微一笑地问："这么棒的礼物！是谁送给你的呢？"

"是圣诞老人！"五岁的艾琳眼里仿佛闪着光，开心地说着。

"根本就没有圣诞老人！"已经六岁、即将要上小学的卢卡斯冷冷地说。

"有！我有看过！"艾琳反驳了这么一句。

"怎么可能？你在哪里看到的？"卢卡斯问。

"我在我外婆家有看到啊！圣诞老人有送礼物给我。"（在德国某些乡镇会特别请人扮圣诞老人逐家拜访、送礼物给小孩。）

"那是大人假扮的，真的圣诞老人是不会按门铃去你家的啦，他得从烟囱上滑下去。"

"圣诞老人已经快没有时间了，才会按门铃，他有很多礼物要赶快送完！"

听到孩子间的对话，一旁的老师都开心地笑了，但这时谁也没有想要当个仲裁者去论个对错。在德国幼儿园的课堂上，老师往往不给一个标准答案，因为角度不同，看到的答案也就不同，只要能说出自己的理由，就没人能说你一定错！

对于这个世界，孩子也有他们的发言权。孩子对这世界的理解，不应该只建立在大人给予的观念上，因为失去发言权的孩子，往往得花更长的时间体认到自己其实是独立的个体。

孩子的意见都会被认真聆听，而不只是形式上的开明

我们不难看到有的小孩，面对家中有亲友来访，大一点的孩子可能会客客气气地问好，年纪小的则会躲在爸妈身后，然后在巧妙的时间点悄悄离开。然而，德国的小孩面对这样的社交场合，却从容大方得让人惊艳。

有一回，家人来德国找我，住在离我家不远的邻家小男孩看到我家来亲戚，很亲切地主动跑来问候，那时我们买了下午茶的蛋糕正要回家，我于是邀请他来我家一起享用。这小男孩大概六七岁左右，打了电话跟妈妈报备后，随即跟我们一起上楼。这个下午茶成员组合就意外地多了一个小男孩。家人不会说德语，小男孩的英文也有限，但在时而空白的零星对话中，他却全然不觉得尴尬，他有问有答，偶尔我们用中文交谈时也一脸好奇地看着我们。小男孩吃完蛋糕闲聊一阵后，就按照跟妈妈的约定准时回家。他离开后，家人都感到非常惊讶，原来大家所说的外国小孩相当独立自主是这么一回事。

"这一切的养成都在学前教育里。"我回答。

看到长辈就想躲的中国小孩，和主动接近大人的德国小孩，究竟是什么关键的因素造成如此大的差异？

教育体制上为了便于管教而不鼓励孩子有太多"自己的声音"，由上而下的权威领导还是目前教育主流方法，孩子看到大人当然能躲就躲，加入大人们的讨论话题，等于是自己找麻烦。

而从小就被鼓励表达看法的德国小孩，这样的社交场合就如同日常的对话一般自然，毕竟在德国没有"大人讲话小孩别插嘴"这道理。只要你想加入讨论，不管在学校抑或家里，任何人都有权利拿到麦克风表达意见。

德国小孩不只是拥有表达的权利，更重要的是，所说的意见都会被认真聆听而不流于形式上的开明。

德国幼儿园里，日常作息还是会有固定的时间，小孩子在园所内也有必须遵守的规定。不过大致上，不需要管理"班级秩序"，安静乖巧在这里不会等同于一个优点。课堂时间里，不管玩黏土，做美术劳作甚至上瑜伽课，孩子在整个活动过程中，都是角色平等的参与者，不是老师说学生跟着做，而是一起讨论一起完成。

不仅如此，德国某些幼儿园甚至设有儿童议会（Kinderparlament）的制度，让孩子去从小练习如何遵守秩序且有礼貌地表达意见。这其实与我们的中学和大学里的学生会很雷同，只不过德国人更早训练孩子的口语表达和思辨能力，让孩子学习去倾听和尊重不同意见的表达权利。孩子能借此了解自己也有抱怨的权利，因为老师也会犯错，所以当孩子无法认同老师的某些做法的时候，儿童议会便是

在德国幼儿园的课堂上，老师往往不给一个标准答案，因为角度不同，看到的答案也就不同，只要能说出自己的理由，就没人能说你一定错！

一个替自己发声的渠道。

儿童议会的机制多半落实在有许多分校的大型连锁幼儿园，每间分校由孩子自行决定该校代表，然后每月一次进行议事讨论。举例来说，幼儿园的孩子可能会对"要不要睡午觉"这件事有两派看法，这时就可以借由儿童议会的方式来弭平歧见。

"这方法真的行得通吗？"有一次我好奇地问了另一位德国幼教老师，她任职的幼儿园就有儿童议会的意见参与制度。

她笑了笑，回答说："老实说，孩子们的意见常常有执行上的困难，对事情的处理方式也没办法像大人那么思虑周全。不过**设立儿童议会的真正意义，并不是要单靠孩子的力量解决所有问题，而是鼓励孩子表达自己的声音，同时试着从另一个角度明白别人的不同观点，接不接受都应该要说得出理由，用论辩的方式去活化孩子的思考。**"

中国传统的教育思维常常希望孩子成为乖乖听话的好学生，很多孩子已经习惯无意识地被喂养信息，却不被鼓励提出质疑，这样的教育模式往往局限孩子的视野，也间接影响孩子，造成凡事只依循标准路径找答案。

德国人却认为，以学习这一方面来说，不听话的学生，反而可

德国人相信，找答案的过程，往往比找到答案本身更具意义，因为孩子会记得摸索过程中的每一步。

能学得更好！因为学习的能量来自于一再探究问题的根本，而通过和不同思考模式的相互撞击，会帮助孩子拓宽自己的思想脉络。他们相信，找答案的过程，往往比找到答案本身更具意义，因为孩子会记得摸索过程中的每一步，而这样的历程可以带领他们找到更多问题的答案。

所以，如果孩子有话要说，不管论述内容的深浅，都应该鼓励孩子表达，让他们用自己的语言，跟世界对话，借由自由对话的练习，逐步形成自己独立思考的能力。

第十二章

生命教育&爱与付出

——爱是重要能力，无处不在的生命教育

德国的幼儿园，除了基本知识和各种自理能力的养成，也是一个让孩子学习"平衡过生活"和如何"与大自然和平共处"的成长园地。

不只很多的幼儿园都有花园或草坪让孩子能够活动奔跑，还饲养许多像热带鱼、鬣蜥、天竺鼠、兔子等在德国幼儿园常见的小动物。

一向重视动物福利和生命教育的德国人，认为让孩子从小多与动植物相处和亲近大自然，能帮助他们找到自己与大自然的连结，了解万物各有其生存之道，学习

每学期几次户外教学，带孩子逛逛植物园或看看动物图鉴……

VS

德国幼儿园借花园菜圃、大水族箱或养殖箱，营造充满生命力的学习空间，唤醒孩子对自然的感受力。

去尊重生命和爱护环境，因为每个人皆是大自然里的一环。

在我们幼儿园的花园里，除了种有每个孩子自行挑选的小花盆栽，另外还种植了西红柿、蓝莓、草莓和熊葱等不同蔬果，让孩子近距离观察其生长变化。

每天早上，当孩子们去帮自己的盆栽浇水的时候，就会顺便看一下另一头的草莓或西红柿色泽转红了没有，或是否又新长了几颗果实，然后兴奋地跑进教室和老师们报告最新进度。

想当然，花园里的蔬果产量不够供给全部幼儿园的孩子们吃，所以通常会请孩子把成熟的果实摘下来，然后由老师打成草莓酸奶或做成西红柿色拉；熊葱则会切细后洒在浓汤里或是涂满奶酪的面包上。孩子们吃着自己采摘下来的植物做成的小餐点都十分满足。最有趣的是，可能因为是亲自种植采收的蔬果让孩子觉得格外亲切，几个之前挑嘴不吃西红柿的孩子竟然变得不那么抗拒了。

而幼儿园里的大水族箱，更是所有孩子的心灵抚慰大师。特别是刚加入幼儿园不久的新生，因为年纪还小，入园初期常常会因分离焦虑而哭个不停，这时如果把新生带去大水族箱前看着热带鱼一派悠闲地游在水中，往往成了能够一秒止哭的神奇妙招。

很多孩子早上进入教室的第一件事就是，来跟鱼宝贝们打招呼，

德国幼儿园除了基本知识和各种自理能力的养成，也是让孩子学习"平衡过生活"和如何"与大自然和平共处"的成长园地。

然后跟老师们要鱼饲料来喂食。由于幼儿园会定期请专人来清洁水族箱的青苔并换水，或是进行水草修剪，这时孩子们总是好奇地跟前跟后想一探究竟，看看这次水族箱里会不会又多了几位新成员。

一开始，幼龄的孩子可能因为太兴奋，会不断用力拍打水族箱或是用力摇晃里面有昆虫的养殖箱，而花园里尚未成熟的花草和蔬果，也因为过度频繁地"探访"与拉扯，常见被拽断的茎蔓和青绿果实掉满地。老师们必须花时间慢慢教会孩子，每个动植物所需的生长要素和照顾方法，透过日积月累地观察和学习，孩子会找到和植物、动物共处的正确方式，了解人与环境共生共存的关系。

从幼儿园入口的花园，到进入园所里的大水族箱或养殖箱，**德国人的生命教育，并不是只是带着孩子逛逛植物园或看看动物图鉴的学期活动，幼儿园用心营造了一个充满生命力的学习空间来唤醒孩子对自然的感受能力。**

无形中，每日一点一滴地跟动植物共处的生活经验，加深了孩子跟自然环境的情感依附，他们从结实累累的番茄和草莓中体会了盛夏的美好，而连续几天午后的倾盆大雨将快要可以采收的蔬果泡烂在水里时，从每个沮丧的小脸上，我仿佛看见了他们心中对周遭环境的关怀意识也正在萌芽。

这里跟大家分享一个小故事。

几年前，当时养的老狗哈蒂生病了。我因为放心不下请了好几天假在家照顾，后来觉得自己一直请假实在过意不去，便向学校递了辞职书，想好好全心陪伴这老狗的最后时光。学校当时替我想了

孩子早上进入教室的第一件事就是，
来跟鱼宝贝们打招呼，然后跟老师们要鱼饲料来喂食。
当孩子们去帮自己的盆栽浇水时，
会顺便看一下另一头的草莓或西红柿色泽转红了没有……

**透过日积月累的观察和学习，
孩子会找到和植物、动物共处的正确方式，
了解人与环境共生共存的关系。**

很多办法，甚至额外花钱请人代我的班，避免造成其他同事过多的工作负担。我永远忘不了，那时德国籍老板握着我的手说："凯特，如果你愿意的话，把哈蒂一起带来学校，你可以就近照顾她。我们能理解的。"

哈蒂是西伯利亚哈士奇，对幼儿园的孩子来说，是体型相对大的犬种，当老板这样对我说的时候，心中着实震动了好大一下，因为这个选项从来没有在我脑海中出现过，当时只觉得，辞职想照顾老狗的这个理由听起来虽然牵强，却也不想费神编撰一个冠冕堂皇的谎言。没有想到，学校不但明白我的难处，还想尽办法陪着我度过那段煎熬期，即使让我带着哈蒂去幼儿园上班都没问题。虽然几经挣扎后，我选择了留职停薪一年陪哈蒂度过最后的日子，但这件事却让我十分感动，时至今日仍深刻记得。

对我而言，哈蒂是我的家人，她老了病了，我照顾她责无旁贷，而在德国老板眼中的我，就是一个为了照顾家人心力交瘁的老师，需要学校的帮忙和体谅。家庭成员的重要性自然无法取代，不管是人、猫还是狗。

对德国人来说，养宠物从来不是图个消遣，就如同爱护生态环境和善待动物不应该仅止于学期里面的一个主题活动，扎实的生命教育必须从日常生活中去实践它。

被束缚在钢筋水泥丛林的都市孩子，很难对于脚下的土地产生情感，所以德国人由营造环境开始，让孩子习惯与自然共处，享受大自然里的每个微妙时刻，用一颗柔软的心去珍惜爱护每一个生命。

德国老师这样做

爱小孩，也教他学会去爱

幼儿时期的学习主要是由感官经验来明白抽象的概念。孩子们对于生命和爱的理解，通常来自于观察和体会我们生活上的小举动，每个亲吻、拥抱、温暖的微笑，都是向孩子传达爱的讯息。

德国学前教育里，让学龄前的孩子去领略生命与爱的意义，远比搞懂根茎叶的构造或动物界的分类更为重要。

透过每天照顾花草和小动物，知道因浸水而泡烂的根叶必须修剪，不能忘记喂饲料，不然小动物会饿肚子。孩子必须自发地懂得爱与关怀他人，才能真正体会父母给予的爱有多珍贵。

幼龄孩子以自我为中心是发展阶段中很普遍的现象，就像孩子渴了会找人讨水喝。但他们通常不会想到是否身边的人也口渴了，因为**关心他人和爱的能力并非与生俱来，父母必须引导孩子去体会他人的感受，培养孩子的同理心，让孩子懂得除了满足自身需求外，也同样要关心爱护自己之外的事物。**

举个简单引导孩子的例子。幼儿园偶尔有分组活动，我们会带几个大一点的孩子搭公交车或地铁去附近的市集走走晃晃。偌大的市集里有很多的小摊子，除了一些手工艺品，更多的是琳琅满目的

幼儿时期的学习主要由感官经验来学会抽象的概念。

水果摊或面包摊，通常这时候我们会趁机让孩子自己挑选几样面包和水果当作当天下午的点心。

德国老师艾拉带着孩子走到一个面包摊前面停下来，转过身问孩子们想不想买点面包待会儿带回幼儿园吃，四五个孩子开心地猛点头说好，然后开始七嘴八舌地指着自己想要的面包。

"我想要奶油面包！"

"艾拉，我可以选那个上面有葡萄干的吗？"

等到几个孩子选好自己要吃的面包，艾拉突然数了一下面包的数量，接着问孩子们："我们现在一共买了六个面包，但是下午还有哪些小朋友会留下来吃点心？"

顿时几个大孩子又是一阵七嘴八舌的讨论，我发现他们很自然都最先提到跟自己常玩在一块的好朋友。

艾拉于是反问："对啊，还有这么多小朋友要留下来吃点心，我们只带回去六个面包，这样够吗？还是要让其他小朋友饿肚子？"

孩子们全体一致摇摇头。艾拉微微一笑，然后便请每个孩子帮班上的其他小朋友挑选他们可能会喜欢的面包。回到幼儿园后，艾拉也告诉孩子们，这些面包是几位去市集的大孩子们为全班精心挑选的。

孩子对生命和爱的理解来自生活上的小举动，每个亲吻、拥抱、温暖的微笑……都是向孩子传达爱的讯息。

倘若在市集买面包时，艾拉只让每个孩子挑选自己的面包，然后再随手买十来个面包给班上未随行的孩子，当然省事很多，但是如此一来，**孩子的眼光只会聚焦在"我要的"，不会想到其他人可能的需要。久而久之，孩子容易将他人的付出视为当然，只抛出自己的需求，却不懂得如何反馈。**

因此，父母需要做的，就是让孩子练习在想到自己之后，也能够想到别人。三岁以下的孩子可以透过照顾婴儿玩偶来培养同理心；而大一点的孩子，就透过讨论让孩子练习察觉到他人的不同情绪，慢慢带领孩子从凡事只想到自己跳脱，扩大到关心身边周遭的每一个人。

第十三章

责任感＆做好该做的事

——从小开始以赞美鼓励，强化孩子的责任心

吃完早餐后，一岁半的艾诺水杯叠在餐盘上，一路摇摇晃晃地将餐盘放上一旁的桌上收拾好，因为餐盘拿得有点倾斜，还掉了几块奶酪在地上，艾诺收拾完走回座位坐好后，接着换下一个小孩重复上述的动作……此时，如果有小孩没有收拾好就离开座位，马上会被老师请回来收完再走，久而久之，即使没有人主动提醒，孩子们都知道用餐完毕后，收拾餐盘是自己的工作。

在德国幼儿园里，老师们会根据孩子的年纪决定孩子要负责任的事项。

"我不要收拼图。我要回家。"里昂泪眼汪汪地仰头望向爸爸，希望从爸爸那里得到特赦令。

VS

爸爸侧着头看着他，不疾不徐地说了句："不然爸爸先去停车，等你把拼图收好我再来接你。"

年纪小的孩子从餐后自己收拾盘子水杯、收拾玩具开始做起；三岁以上的，除了上述事项，会开始让他们练习摆餐具，擦桌子，还有整理自己的备用物品。

德国人很清楚，想让孩子养成负责任的态度，要有滴水穿石的毅力和耐心。当父母或老师决定好哪些是孩子分内应该自己完成的事项，坚守原则是第一要件，不能轻易因为外在因素，一再地破例或是帮孩子完成。德国幼教老师便从孩子还小的时候鼓励他们一起维持教室整洁，来激发孩子的责任心。

孩子帮倒忙时，以鼓励"做到"代替责怪"做错"的地方

通常孩子吃完午饭后，几个不想午睡的大孩子就会坐在角落读自己喜欢的书，老师们则会趁孩子的午休时间稍微整理一下环境。

有一次，三岁的史蒂芬看到尤拉老师正在扫地，他自告奋勇地跑过来想要帮忙，尤拉想了一下说好，随即递给史蒂芬一个比他身高还长上一截的扫把，然后继续扫地。我一边在一旁整理等一下开会要用的资料，一边打趣地侧瞄着史蒂芬到底会不会扫地。很显然

德国老师鼓励孩子共同维持教室整洁，会根据孩子的年纪决定负责的工作，年纪小收拾自己的盘子水杯，三岁以上摆餐具、擦桌子……

的，他清扫的动作比较像是在刷地，纸屑灰尘反而被刷散到四处，地板看起来更脏了。

尤拉这时转过头来看看史蒂芬的打扫进展如何。只见她笑了一下，说："史蒂芬，你有注意把桌子底下的纸屑扫出来，太谢谢你了！现在你可以把它们全部集中扫在一块吗？像这样子……"尤拉拿着手上的扫把示范了一遍。

史蒂芬的小脸笑咪咪地看着尤拉，干劲十足地说："好！"

从那天起，史蒂芬便常常主动跟着我们一起打扫教室，扫地、拖地、擦桌子等等，开开心心地分担起部分的工作，好几次有其他的孩子也想跟着做，他会急着说："那是我的工作。"

希望孩子主动负起责任，就要趁他们还小，喜欢以做家事来证明自己已经有足够的能力跟大人做一样的事情时，借着鼓励和赞美，强化他们想要主动分担家事的动力。

即使孩子真的越帮越忙，一开始打破碗、地板太湿、桌子没擦干净……都千万得忍住不要指责孩子说："为什么你那么不小心？"或是"桌子你擦不干净，爸爸/妈妈自己来就好了。"因为**孩子若一再被纠正，就会浇熄原本乐于参与的热情，而帮忙做家事得到的如果是挫败感而不是长大的证明，自然会越来越不想主动参与。**

希望孩子主动负起责任，要趁他们还小喜欢以做家事证明自己有能力时，借着鼓励和赞美强化动力。

而难度高的家事，父母可以将内容分工，让孩子分担相对简单的工作，先正面肯定孩子做得好的部分，再耐心引导孩子如何做得更正确。

父母常常感到不解的是，孩子还小的时候都很喜欢跟着爸妈一起做家事，想要洗碗，想要帮忙洗菜，但是后来孩子越大反而越被动，真的到了应该分担家事的年纪，却怎么叫都叫不动！

正因为责任感是一种态度，需要靠长时间来养成，所以更要把握好幼龄孩子想做家事的时机，让他们从喜欢做、习惯做，内化成认为这是自己"应该做"的事情。所以父母千万不要家事一肩扛，等到孩子上小学甚至中学觉得他们够大了，才开始要求他们分担家事，因为孩子就算此时能力足够，也没有心思想做了。在他们的认知中，早已经将做家事归类于爸妈的事，爸妈希望孩子能自发地去做，就更加困难。

幼龄的孩子会借由分担家事，体认到自己是家庭的一员，也能更体会到爸妈做家事的辛劳。家事就应该是全家人一起做的事，不管是擦桌子、整理书柜、收拾玩具，从周遭环境开始，学习对自己负责。

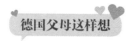

德国父母这样想

让孩子承担行为的后果，不要轻易帮忙解困

"里昂，爸爸来接你下课啰！"德国幼教老师安妮从教室门外

探头喊着。

"爸爸！爸爸来接我了！"正在桌上玩拼图的里昂顿时高兴得跳了起来，立刻往教室外飞奔过去。

里昂爸爸一边站在走廊上跟老师安妮问了今天里昂的状况，也一边示意叫里昂换上外出鞋，今天晚上他们有家庭聚会赶着要赴约，因为一时找不到停车位，所以他把车子暂时停在幼儿园大门口外头。

"鞋子换好了吗？那我们要走啰！"里昂爸爸拿起包包正准备离开的时候，安妮老师突然问了里昂一句："里昂，桌上的拼图还散在那里，请问你是不是应该把它放回盒子里？"

站在一旁观看的我，倒吸了一口气，毕竟里昂爸爸前几分钟已经神色不安地确认着窗外暂停的车子，不禁很好奇里昂爸爸会怎么回应。

只见他愣了一下，转身问里昂说："你刚刚没把拼图收好就跑出来了吗？"四岁的里昂怯怯地点了头，身子藏在爸爸后面想撒娇。

"那你现在赶快去把拼图收一收吧，我在这里等你。"里昂爸爸说道。

"我不要。我要回家。"里昂还是躲在爸爸身后，这情形看来是不想认账。

难度高的家事，父母可以让孩子分担相对简单的工作，先正面肯定孩子做得好的部分，再耐心引导孩子如何做得更正确。

"里昂，你知道自己拿出来的玩具离开前要物归原处不是吗？这样下次你想玩的时候才找得到啊！"安妮蹲下身想开导里昂。

"不要！我不要！"里昂嘟起嘴，一脸气呼呼地不想听劝。

"请你把玩具收好再离开。"安妮也不为所动，她补充说，"爸爸的车不能在外面停太久，你如果还想玩一下拼图，爸爸可能要先去停车再来接你回家，还是你要现在赶快收拾好马上回家？"

里昂泪眼汪汪地仰着头望向爸爸，仿佛是希望可以从爸爸那里得到特赦令。

爸爸这时只是侧着头看着他，不疾不徐地说了句："赶快决定吧！不然爸爸先去停车，等你把拼图收好我再来接你。"

里昂这下心里清楚拼图没收好就没办法马上回家，只好急着说："爸爸等我一下！爸爸你要在这里等我喔！"然后立刻跑进教室把桌上的拼图收进纸盒里，转身再把盒子放回柜子中之后，又迅速地跑出教室。

"收好了，我现在可以回家了。"里昂对着安妮和爸爸说。

安妮对着里昂爸爸笑了一下，然后挥手跟两人说再见。

里昂爸爸做了个很好的示范。就算赶时间急着要离开，对于孩子应该自己完成的事情，就不能轻易妥协。如果因为赶着离开，爸爸对老师安妮说"不好意思，我们赶时间！下次我会请他收好再离开"，试图帮孩子解困，几次过后，里昂便知道当爸妈赶时间的时候，他很多事情都可以不用照着做，或是拖到被大人催着要做的时候再做就可以了，进而养成拖延的习惯。

要孩子增强责任感，除了当孩子完成分内的事情给予鼓励赞美外，反之，当孩子拒绝负起责任时，也应该让孩子清楚明白自己的决定会带来什么样的结果。当老师和家长都释出同样讯息，里昂的脑中自然会剔除掉"哭闹够久就不用负责"或"爸妈会主动帮我排除麻烦"的选项，知道自己非负责不可。

孩子的责任心，不会一夕长大。幼龄的孩子，往往会有很多想做的事，父母若能从小鼓励孩子负责一些能力所及的事情，让他有参与感和成就感，并坚持原则，绝对比日后三催四请地要求孩子学会负责来得轻松。

对于孩子应该自己完成的事情，不能轻易妥协。父母若试图解困，孩子就会知道，赶时间时，很多事可以不用照着做，或拖到最后再做……

第十四章

犯错与认错&高情商应对

——别让孩子只记得你情绪失控，而不是他犯错的行为

有次，跟一位德国妈妈聊孩子的近况时，聊着聊着，这位妈妈突然顿了一下，苦笑地对我说："凯特，你知道吗？为什么从来没有人跟我说养育孩子压力这么大？要应付数不清的麻烦事！"

当然这是有点自我解嘲的说法。我相信她在决定要生小孩之后，一定也跟大多数的妈妈一样，做了很多的心理调适和育儿准备，全心全意想成为一个称职的好妈妈。只是，为人父母要面对的挑战何其多，特别是当孩子耍性子狂哭闹，或不听劝告、一再挑战父母的底线时，要如何强压怒火

"我讲了很多次不行，孩子就是不听话，我能怎么办？"

VS

每次孩子乱丢玩具或餐具时，请他自己把丢的东西捡起来，孩子便容易理解到"自己丢的还得自己捡"的行为后果。

让情绪不要暴发，对很多人来说，真的是说的比做的简单。

德国老师这样做

让孩子体验犯错的后果，才能有效导正行为

即使是经历丰富、耐心十足的德国幼教老师，也难免会有因为孩子各种不定时的状况，被恶整得人仰马翻的时候——当孩子说要上厕所，却把整筒卫生纸塞进马桶里，马桶因阻塞而使得整间厕所大淹水；当孩子把木质地板当作画纸涂满水彩颜料……以上种种时刻请你相信，德国人没办法依然优雅地赞美孩子太有创意了。他们通常只会闭上双眼，叹口气说："请告诉我这不是真的！"

对于孩子错误的行为，德国人当然会生气，只是他们不会让生气的情绪过度外显，除了不体罚、不大吼大叫地怒骂孩子，他们认为最重要的是必须让孩子看到自己犯错后的结果，才是有效导正孩子行为的方法。

不少父母会说："我讲了很多次不行，孩子就是不听话，我能怎么办？"他们没想过，也许正是因为他们说了太多次的"不行！""不可以！"，所以孩子对这几个字已经彻底免疫，完全没有感觉。

> 正因为大人说了太多次的"不行！""不可以！"，所以孩子对这几个字已经彻底免疫，完全无感。

譬如说很多幼龄的孩子会有一个阶段很喜欢乱丢东西，当爸妈对孩子说了好几次"不可以乱丢！"，幼龄的孩子可能还是无法直接从话语去理解为什么不可以乱丢，这时如果爸妈换个方式，**每次孩子乱丢玩具或餐具时，请他自己把丢的东西捡起来，孩子便容易理解到"自己丢的还得自己捡"的行为后果，这会比说了无数次的"不可以"来得更有效。**

德国幼儿园里，每个幼教老师都谨守这个大原则来纠正错误行为。孩子就是孩子，学习的过程中一定会有犯错的时候，当大人口头劝告"不可以"几次，发现没有用后，与其让愤怒的情绪累积到沸点对着孩子拍桌大吼"我说了几次不可以，你听不懂吗？"，不如换个方式让孩子承担行为后果，也让自己的情绪缓冲一下。

举一个幼儿园的实例来说，每天的音乐律动时间，我们都会放些孩子喜欢的音乐，让孩子在教室里随兴跳舞，对四岁以下爱跳爱动的孩子来说，这是他们最喜欢的室内活动之一。不过，常常音乐一放下去，孩子跳着跳着会兴奋地开始追闹起来，当然幼教老师都会告诉孩子在教室里只能跳舞，不要互相追着跑，因为最后一定会有人跌倒大哭。

但是，总是会有那么几个孩子老是一玩就忘了教室里的常规，又开始追闹，这时候老师就会按下音乐停止键。孩子一听到音乐停止了，都会静下来看发生了什么事。我们就会再说一次："你可以跳舞，但是请不要跑，不然没有音乐。"

幼教老师很清楚，"不行！""不可以！"要是说得太频繁就会失效，不如直接按下音乐的停止键，几次下来孩子便会得出"我乱跑的话音乐会停止，活动就此结束"这样的结论，便会减少重复犯错。

这样的处罚方式对这年纪的孩子必须"快且短暂"，也就是说当孩子乱跑时，音乐必须马上停止，却也不能停止太久，因为你必须很快地给孩子一个能够重新表现的机会，来帮助他们记得什么样的行为是正确的。

通常两三次过后，孩子就会懂得必须遵守订下的规矩。只是，有时孩子也会故意试探底线在哪里，想知道自己有几次被原谅的机会，这时大人必须视情况来决定当天要不要彻底停止活动，让孩子学会自律。

德国老师这样做

别打骂！否则孩子学到的是错误的情绪处理模式

反之，爸妈若常以打骂方式管教孩子，孩子往往会聚焦在爸妈的愤怒情绪，脑子里只记得当时爸妈的表情看起来很吓人，压根儿忘了自己到底犯了什么错。

德国人认为，要改变孩子的错误行为，就不能以同样错误的方

与其对着孩子拍桌大吼，不如换个方式，让孩子承担行为后果，也让自己的情绪缓冲一下。

式去强行压迫孩子，打骂教育也许当下可以制止孩子犯错，无形中却加深了孩子负面行为的强度，因为六岁以下的孩子随时都在模仿爸妈的一言一行，当然也包括了他们在面对压力时的情绪表达方式。

有几次我注意到班上一个三岁的孩子，只要一生气就会拍桌子大吼，观察了一阵后跟家长约谈，才发现原来有时孩子顽皮，怎么讲都不听时，爸爸就会拍打桌子、大声训斥想吓吓他，却不知自己正做了情绪管理的负面示范。

因此，期待孩子有高情绪智商，爸妈在孩子犯错时，不妨静下心了解背后的原因和动机，先与孩子的感受同步，就能在孩子犯错时，更有技巧地处理问题，才不会被自身的情绪左右。

但这并不表示，身为爸妈就得隐忍自己内心已经快要失控的情绪海啸。相反的，我们必须让孩子知道爸妈也会有生气的时候，孩子才能正视自己行为的对错。此时，家长不妨以严肃的语气向孩子说："爸爸/妈妈现在真的非常生气。"通常两岁以上的孩子，已能从脸部表情和说话的口气来辨别他人的情绪。

处理情绪的方式常常会成为一种习惯，看不过去就开骂，讲不听就打，一旦负面情绪已经会主动引发某个反射动作，父母自然很难理性教育孩子。

有时孩子会故意试探底线，想知道自己有几次被原谅的机会，大人可视情况决定要不要彻底停止活动。

以情绪主导的教养方式，常常也会在孩子大了之后引起他们情绪化的反抗，所以**爸妈如果能够以严肃且坚定的语气向孩子表达自己的负面情绪，孩子便容易内化这套情绪管理模式，培养出面对高压情境的应对能力。**

体罚，从来不应该是教育里的一种手段

早在20世纪70年代，德国学校里就已禁止使用体罚。2000年，更以法律明文规定禁止家长对小孩使用体罚。在德国，对小孩使用暴力已经被视为是一种犯罪行为，老师会被即刻开除，一丁点转圜空间都没有。

我不赞成体罚的原因，倒不只是因为德国法律全面禁止教师和家长使用体罚，所以我不得不遵守法律，顺着规定走，我不赞成体罚的原因，是因为，自己从学生到成为教师一路上彻底明白体罚的手段，以教养的长远角度来看，不正确，也不怎么有效。

在数十年前的那个时代，几乎每个孩子都是被打到大的，比如说成绩差、忘了带课本、上课打瞌睡等等各种理由都能被体罚。我算是一路叛逆到大的小孩。不只在家里令爸妈头疼，在学校也是问题学生。

体罚对我而言，只是一时的皮肉痛，忍一下就过去了，被打完我就是那种会转过身对老师扮鬼脸的欠揍小屁孩。但事实上爸妈对我管教甚严，他们当时虽忙于工作，却非常重视我们的教育，基本

上是不会因为犯了小错就乱打一通的明理父母，只有屡劝不听，才会挨打。家里的其他三个小孩，好像没有一个像我这么常挨打，这么常被老师叫到训导处。

记得小时候有次又惹妈妈生气，挨了一顿打后，妈妈已经被我气到不知道拿什么方法制伏我的倔性，突然跑进房间然后把我的一些衣物丢进一个大手提袋，对着我说："我管不动你了，你去找一个更好的妈妈吧。"

那时约略十岁不到的我，心里感受到的不是害怕，而是孤单。我不想离开家啊！但是心里这样想的我，并没有转身跟妈妈道歉求饶，我一手拎着大包包，头也不回地就离开。

说实话，我现在都还记得我当时脑海中闪过的各种念头——不能回家的我该去哪睡才安全？肚子饿时要去哪里可能要得到食物？倔强的我就是没有想过，要回头请求妈妈原谅，不是因为我不爱妈妈，而是我当时心里认定妈妈是真的不想理我了。

忘了我一个人在天黑的道路走了多久，大概有半个小时吧。突然听到一阵轰隆隆的摩托车声，看到一脸担忧的爸爸，静静地对我说"你真的打算不回家了？"，我才知道原来爸爸在到处找我，我于是默默地上了摩托车跟着爸爸回家。

爸妈若常以打骂的方式管教孩子，孩子脑子里只记得当时爸妈的表情看起来很吓人，压根儿忘了自己到底犯了什么错。

爸爸一进门就对着妈妈说："找到了！"接着我看到妈妈哭肿的双眼才明白，原来妈妈并没有不要我。

在那之后，我挨打的次数明显变少了，不是因为我一夜变乖，而是妈妈应该也明白打骂教育对我起不了什么吓阻效用。我们开始有家庭会议，爸妈的教养态度也渐趋柔软，多沟通后争执自然就变少了。虽然在学校的我依然常被处罚，但爸妈因为爱我，所以在无计可施的时候，仍然愿意不放弃地试图找出方法、拉住那个桀骜不驯的我，也因此我没有越走越偏。

有些人认为适度体罚如打手心或是青蛙跳是可以被接受的，因为孩子就是皮到讲不听，不打不会怕。我承认，体罚固然可能吓阻孩子再度犯错，但是对于部分个性特别倔强的孩子，体罚真的吓唬不了他们，反而会造成反效果，因为吓阻的实际强度会逐渐削弱，所以体罚并无法持续奏效。

爸妈可能还会发现孩子越打越不怕，这时标榜理性的"适度体罚"就很容易失去分寸，最糟的是，还会伤害亲子关系，所以我反对体罚。

更常见的情况是，多数家长在开始体罚孩子之后，便很少会再重新思考是否还有其他的方法，可以帮助他们跟孩子找到彼此的连结，于是讲了几次不听就体罚，而不想办法换个方式管教，换个说法让孩子听得进去。

教育本来就是一条漫漫长路，想与孩子建立一个可以互信沟通的正向关系，必须从互相理解开始。

在以前的执教生涯中，我曾经带过好几个不服管教、所谓行为偏差的问题学生，他们有的在课堂挑衅甚至辱骂老师，还有的会跟老师打架，每次教务主任跟我说这些学生可能要转到我的班上来，请我先了解一下孩子之前的行为状况，通常我都会说没有必要，等孩子到我班上我就会明白了。

我尽量避免还没见到孩子本人，就给孩子贴上标签，我想以自己的观察重新认识这个孩子，也让孩子有机会去信任一个老师。也因此，这些孩子后来都跟我处得很好，对于学习的态度也变得积极。我坚持不体罚，因为我太清楚这些孩子绝对不怕打，就像小时候的我一样。

从一次又一次的经验中，我印证了一个信念，在处理孩子的行为问题前，我得先安抚好自己的情绪，把自己抽离传统上对下的教养窠臼。设法跟孩子谈，有机会就跟他们聊聊，不要等孩子犯错才来说教。我试着触及孩子的心底去理解他们的行为。在跟学生互动中，我也认知到自己的思考死角，唯有这样，才能找到机会，在他们偏离轨道之前，追上去，指引至正确的方向，而这过程中，师生彼此若没有信任关系是绝对做不到的。

忙碌的现代家长最欠缺的就是时间，所以常期待能有一个快速

孩子两岁后，已能从脸部表情和说话口气辨别他人情绪，记得以严肃的语气说"妈妈现在真的非常生气"，孩子才能正视自己行为的对错。

奏效的方法来改变孩子的错误行为，体罚似乎成为一种必要之恶的教养手段。但我想说的是，**在教育的过程中不能贪图捷径，除了爱与了解，从来没有万灵丹。很多教养方式不是没有效，只是需要时间和耐心去看到改变。**

用体罚去导正行为，似乎过度简化了孩子犯错行为的原因，认为孩子就是不知道害怕才会再犯错，长期下来反而会把亲子关系逼进死胡同，因为多数人在体罚孩子的时候，很难不掺杂个人情绪，看着爸妈盛怒的脸，孩子怎么能理解你是因为爱而打！

教育的目的之一，不就是让孩子有探究问题核心的能力，自己找出解决方法来吗？所以我很难认同，父母自己在找不出方法的时候，就可以以教养之名合理化自己的错误行为。在体罚孩子之前，不妨也停一停，想一想，以霸道权威方式驯服孩子，实在不是教育该有的样貌。

PART 3
第三部分

茁壮！
会玩才是真本事

德国幼儿园的
日常规矩与作息

福禄贝尔深信，孩子需透过外在世界的各项活动体验去获取各自需要的学习养分，并顺应自身的成长步调。只要给予孩子自主的学习空间，以爱浇灌，每一颗小种子都会努力地发芽长大，绽放成一朵朵丰采各异的花儿。

第十五章

德国Kindergarten，
孩子们的秘密花园

从孩子出生那一刻，我们无疑地会将心中所有情感汇流于这个小宝贝身上。看着他笑，我们比他更开心，他身体不适，整个世界顿时乌云罩顶。偶尔，在经历过那些没日没夜，牺牲睡眠和私人时间的育儿生活后，会期盼那"解放日"的到来。然而，当孩子真正到了要上幼儿园的年纪，这一切却感觉快得无法置信。这时，心中为孩子感到兴奋的情绪逐渐转变成不安，手中紧紧握住不放的小手，要脱离爸妈的保护羽翼，正式开始学习生活。

忙着开始找资料、看学校，甚至认真

"上课要认真喔！"
"要听老师的话！"

VS

所有的德国家长在向孩子说再见时，只会说一句"Viel Spaß!"，要孩子们玩得快乐。

研读不同教育流派的幼儿理念。那些学校好像都大同小异，眼花缭乱的课表，看似密集而充实，似乎一秒钟也没浪费地学习。我们心中的疑虑却挥不掉，人人说零至六岁是教育的黄金期，所有关键的学习能力养成都会在此刻打下基础。提前开跑学习读写、算术、拼音，也许能让孩子更快衔接小学的课程，却好像哪里出了问题，我们不禁自问。

幼儿园＝专属孩子培养创造力和想象力的成长花园

号称全球典范的德国教育，以完整且独树一帜的教育体系，由下而上壮大国家的竞争力。对于我们心中纠结不开的那个问题，德国幼教老师的回答是，**过早或过度地让孩子学习读写，不给孩子充分的玩乐时间，会实质削减孩子往后一生的学习力。**

要认识德国幼儿园的核心教育理念，就不能不提到德国的教育家福禄贝尔（Friedrich Froebel）。这位人称幼儿园之父的教育家，将德文中的孩子（Kinder）和花园（Garten）两词相加，首创幼儿园（Kindergarten）的概念。从Kindergarten字面上的意义来看，不难了解福禄贝尔创建第一所幼儿园的立意—— 一座专属于孩子们的花园，有随风摇摆的可爱花朵与小草，孩子在大自然里发现人事物的

华德福幼儿园老师说："在没有足够的生活学习经验下，学到的知识都是死的，对孩子完全没有意义。"

连结和奥妙，从探索和发现中，培养从无到有的创造力和想象力。

在福禄贝尔的眼中，每一个孩子就像一朵小花，有各自独有的美丽样貌、不同的生长周期，自然无法以同样的养育方式对待。他深信孩子需要透过外在世界的各项活动体验去获取各自需要的学习养分，并顺应自身的成长步调。只要给予孩子自主的学习空间，以爱灌溉，每一颗小种子都会努力地发芽长大，绽放成一朵朵丰采各异的花儿。

而德国另一拓展快速的实验教育体系华德福（Waldorf），主要教育理念也强调学前教育与大自然探索两者关系密不可分。深信在野外，孩子们会有机会认识各种动植物，学会万物间和谐共处之道。

尤其在0至7岁这一阶段，孩子必须有足够的空间和自由游戏时间去满足各种感官需求。因为这年纪的孩子是用感官去学习，而非以大脑强记。所以每一天他们都需要在户外做大量的肢体运动，来强化身体和意志力。

在华德福幼儿园工作的德国幼教老师荷孟娜告诉我，她每天都一定得带替换的衣物去上班，因为不论天气多恶劣，都得徒步带着孩子在野外活动，用餐时间到就随处席地而坐，大一点的孩子们甚至有机会在户外学习用锯子、美工削刀等各种工具来玩木作。有时

德国幼儿园所有学习活动都是在"幼儿主导"和"自由玩乐模式"下进行。

也配合节庆做主题教学，例如秋天一到，老师们便会带着孩子沿路捡松果、栗子和落叶来当美劳素材。

"下班的时候，衣服常常脏得像从泥地里滚过一般。"她笑着说。

当我告诉她我们这里大多数的幼儿园仍然无法跳脱课堂的制式学习，一天下来又要学美语、学拼音，有的幼儿园还有安排计算机课程，她瞪大了眼，一副不可思议的样子说："顺序错了吧？孩子都还没能摸清自己的能力兴趣呢！他们应该先从生活中的每一件小事开始学起，了解人和自然之间的关系，因为在没有足够的生活学习经验下，学到的知识都是死的，对孩子可能会完全没有意义。"

所有的德国幼儿园的课程设计，不管公立私立，德语幼儿园或双语幼儿园都涵括福禄贝尔和华德福部分的教育理念，最大的相同点就是认为**对学龄前0至6岁的孩子来说，户外的自由玩乐时间是激发学习能力的关键，童年没玩到就没有办法真正建构日后需要的学习力**。尽管不同幼儿园的经营理念不尽相同，但几乎所有学习活动都在"幼儿主导"和"自由玩乐模式"两大架构下进行。也因此，进入德国幼儿园不需要买书包制服，孩子们不学读写，没有课本习作，更别说给幼龄孩子布置家庭作业了。

德国父母这样想

不是叮咛孩子"上课要认真！"而是"要玩得快乐！"

德国幼儿园的一天通常是这样开始的。

户外探险是德国学前教育每天的重头戏。

除非是下暴雨或零下十度大风雪的坏天气，

否则就算是下雨天，

孩子们穿上雨靴雨衣，也照样出门探险去。

德国爸妈在上班前会把孩子送到幼儿园。小孩背着自己的后背包，蹦蹦跳跳地走进幼儿园。孩子们换上室内鞋后，迫不及待开心地跟着幼教老师跑进园所。

有些年纪较小的孩子就需要长一点的"暖身时间"，一开始会赖在爸妈怀里不想进园。爸妈又亲又抱安抚着小宝贝一会儿，发现效果不大之后，人高马大的德国家长会使出大绝招"小飞机"，一边两手一抓举起小孩来"你看你看！你是小飞机，要飞进Kita（幼儿园）啰！"，嘴里一边模仿飞机引擎发出轰隆隆的声响。这一招使出来，几乎所有在半路中经历过几波"情绪乱流"的小孩，都会快乐地安全降落在幼儿园的停机坪上。

不同于中国台湾的爸妈耳提面命地叮咛着小孩"上课要认真喔！"或"要听老师的话！"，所有的德国家长在向孩子说再见时，只会说一句"玩得开心点（Viel Spaß）！"，要孩子们玩得快乐。**德国父母相信，好好玩、认真玩，最好玩到精疲力尽一身泥泞地回家，才能算是丰收的一天。**

对于三岁到六岁的大孩子，由于他们已经能够完整地表达自己的想法，很多德国父母都会在说再见之前，询问孩子今天想要在幼儿园待多久。

"尼克，今天一样是下午三点来接你吗？你想要玩到几点呢？"

"妈妈你等到下午的音乐唱跳时间结束后再来接我回家好了。"

这样的对话不时出现在早上孩子们抵达幼儿园的时候。

德国家长认为，孩子大了之后就得慢慢放手，多给孩子做决定的机会。特别是在学前教育这阶段，本着以孩子为导向的教育信念，很多父母都会让孩子参与一些幼儿园学习生活上的决定。

早餐用毕的时间大约落在九点半。吃完早餐的孩子们会自动自发地自己收拾餐盒、餐具，之后随即到音乐教室开始晨间律动。这时所有幼教老师和小孩会围成一个大圆圈坐下来，互道早安后，会弹吉他的幼教老师通常会把吉他拿出来，问孩子们今天想唱些什么歌，或听什么手指谣。会唱的大孩子跟着唱，还不会唱的就用手跟着打拍子做动作。孩子们若不想唱了，提前结束也行。

接下来孩子会决定今天自己想参与的活动。想去户外探险的孩子会自己跑去换外出服，而留在室内的孩子则有玩黏土、画水彩或者玩拼图等不同选择。所有的学习活动都进行得很从容，有足够的时间让孩子尽情以自己的方式玩耍，以自己的步骤完成作品。

从某种程度上来说，德国幼儿园很贴近德国人心中理想的日常生活。

德国人一向相当重视平衡的生活质量。认真工作之余，也不忘留点时间培养自己的兴趣，照顾花圃、骑单车、慢跑，或从事绘画、阅读、音乐等艺文活动。大部分的德国人并不会一味追求财富，而让生活质量失衡。

德国幼儿园所有的学习活动都进行得很从容，有足够的时间让孩子尽情以自己的方式玩耍，以自己的步调完成作品。

或者我们应该说，是注重身心发展的德国学前教育，造就了今日理性坚毅的德国人。

对德国人来说，学前教育的最大意义，就是让孩子从每一个生活方面学习、亲近自然并与周遭环境产生连结，学会自立与获得相信自己的勇气，来达到身心灵的平衡成长。

春夏之际，气候逐渐回暖后，我们便会带着孩子到邻近的花店去选购属于自己的小花盆栽，然后带着孩子一起合力种植在幼儿园的花园里，在每一盆花上别上每个孩子的名字。每天一早，看着小孩拿着浇花器用心地灌溉照顾属于自己的小花，脑海中真的会浮现福禄贝尔当初所描绘的幼儿园所应该具备的样貌：

那是一座色彩缤纷的秘密花园，期待欢迎着，每个大大小小的孩子，一起进入游戏探险。

第十六章

家长们的入园面试

——签约入学，让家长也承诺以幼儿福祉为考量，绝不让步

在德国，家中小孩要上幼儿园了，是一件需要提早准备的大事，因为它绝对不是银货两讫这么简单。特别在德国一线大城市汉堡，幼儿园不止一位难求，还需要签约入园。就算排除万难帮小宝贝找到了幼儿园的名额，一旦不配合幼儿园的相关规定，幼儿园凭着已经排到明年夏天长长的入园等候名单，也会有恃无恐地以违约为由，毫不留情面地请家长办理退学手续。

这份入园合约，有一个方面非常值得探讨。在德国，不管公立私立，大多数幼儿园的经营者都抱持着一个信念，那就是

"这太不合理了，完全没有弹性可言。你能了解当爸妈的，一早会有多混乱多忙吗？差个十分钟，为什么不让孩子进去？"

VS

第一次迟到我可以通融，但真的也就只能通融那么一次，不然定下的原则就只是说着玩。

家长应该是理念相同的参与伙伴，而非客户。

无论是市立或私立幼儿园，家长签了合约就得照合约走，几乎没有商讨的空间。**德国幼儿园是为了孩子而存在，而非为了家长，所以合约基础上是以所有孩子的权益为主，从中取得一个平衡点，绝对不会因任何家长的个人意愿而改变。**

坚守入园时间，希望确保孩子有规律的生活作息

举例来说，我们幼儿园规定，家长必须在九点前将孩子送到幼儿园，因为九点是幼儿园开始用早餐的时间。如果家长迟到了，便要在幼儿园外面等到九点半早餐时间结束才能进入。

有些人可能会说："那迟到了就干脆等到九点半再送孩子过去不就好了？"很抱歉，如果你以五分钟之差、来不及九点半将孩子送到幼儿园，那么可以顺手把孩子接回去了。因为九点半一过，就算你门铃按坏，德国老师也不会开门让孩子进入园所。

然而真实的情况是，不管在什么国家，总会有几位觉得自己是"情况特殊"、理应可以被通融的家长。坦白讲在德国遇上恐龙家长

德国幼儿园的教育者都抱持着一个信念——家长应该是理念相同的参与伙伴，而非客户。

的机率虽然不高，但我也亲身交手了几回。

某一天的上午，九点一到，孩子们陆续坐定位子准备吃早餐。过了十分钟，班上一位时常在最后一分钟赶到的家长按了门铃。我去应门，明白告诉家长按照规定他们必须等早餐时间结束才能进入。

这位德国爸爸一脸抱歉地说："对不起，今天路上大塞车，我等会儿有个非常重要的会议，孩子得现在交给你们才行。"

我苦笑地摇头拒绝。站在一旁的妈妈对着爸爸说："那我先送你去开会好了，晚点再送孩子过来。"

看着这对爸妈一人一手抱着那对双胞胎姊妹，我不是不懂他们的无奈，但是第一次迟到我可以通融，但真的也就只能通融那么一次，不然定下的原则就只是说着玩。

我对他们说："现在已经快九点十五分了，你们如果可以在九点半前把孩子送回来就没问题，不过一旦超过九点半，孩子就不能进园。"这位妈妈看着我，虽没失去理智地大吼，仍能感受得到她的怒火，"凯特，这太不合理了，完全没有弹性可言。你不能了解当爸妈的，一早会有多混乱多忙吗？差个十分钟，为什么不让孩子进去？"她瞄了我一眼，最后冷冷地丢了句："你当然不会懂，因为你没有小孩。"随后甩上门带着小孩离开。

为了赶时间，爸妈把孩子交给老师的过程转换太快，常造成幼龄孩子的不安而大哭，大一点的孩子也会察觉自己迟到而感到困窘。

那当然是气话，我明白，但遇上这样因为没有孩子而被质疑专业能力的指控，心里的确不好受。当天我就向校长反映，她听了之后说："我一定会在今天处理好，她如果真的说了这句话，就必须要道歉。**学校会站在你这边，做你认为对的事就好。**"

隔天家长便当面口头向我致歉，虽然态度转变之大令人有点不敢置信，但校方的明快处理，的确替第一线的幼教老师勇敢发声，而从此这位家长再也没有迟到过。

幼儿园之所以坚守入园时间，最主要的原因是希望孩子能保持规律的生活作息，让孩子在固定的时间就寝①、起床、上幼儿园、吃早餐、玩耍一直到午休时间，尽量不要因为家长的个人行程安排影响到孩子的作息节奏，譬如有些家长可能会因为隔天排休假而晚睡，也不用早起上班，所以连带的让孩子晚睡晚起，当孩子到了幼儿园，已错过早餐时间，却也不能就让他们饿肚子，于是晨间律动时间，迟到的孩子才吃早餐，如此一来当然会延误接下来的活动安排。

另一部分原因是，在早餐时间，若因为几位迟到的孩子，老师要不停地离开餐桌去开门，对于准时到校用餐的其他孩子其实会造成不小的干扰。重视餐桌礼仪的德国人为了避免这样的状况发生，也希望孩子在幼儿园里的活动作息能够更固定平顺，所以会坚持幼儿必须准时到校。

其次是，因为某些家长总是惯性迟到，老是抢在最后几分钟将孩子送到幼儿园，更正确的说法应该是，为了赶时间，爸妈干脆一

---

① 德国孩子多数在晚上七点半前绝对要上床睡觉。

手拎着孩子跑进幼儿园，再急忙地把孩子交给老师后赶着去上班，这期间的过程转换太快，常造成幼龄孩子的不安而大哭，大一点的孩子也会明显察觉自己迟到而感到困窘。因此，幼教老师多半会叮咛家长，请尽可能提早一点出发，让孩子至少可以有几分钟情绪预热的空档。

和家长面试，以合约落实"以孩子为主"的教育精神

除了入园时间，家长也必须遵守最晚在晚上六点前把小孩接走的规定。即便是差个五分钟，只要是一再违反合约上的规定，家长就得自行承担被幼儿园除去资格的风险。

其他规定还有：如果孩子发烧至三十八度以上或有呕吐拉肚子等症状，就算孩子的活动力和食欲正常，德国老师也会立刻通知家长接孩子回家静养，避免交叉感染，也严禁替孩子喂药，因为幼儿园不是医院，幼教老师也不能兼任护士……这些林林总总的规定都会详列在合约里，而入园前和家长的面试，除了畅谈幼儿园的教育理念，通常也都会向家长仔细地解释各项规定。

学前教育是基础教育的根本，不该过分流于商业考量，也不该一味迎合家长而改变原则。签约入学，让幼儿教育能回到"以孩子为主体"的初衷。

严谨的德国人很清楚口说无凭的道理，所以坚持以书面合约明订各条遵守要项，以彻底贯彻幼儿园的教育理念。幼儿园虽不列入正规体制内的教育，但学前教育却是一切基础教育的根本，不该过分流于商业考量，或一味迎合家长而改变原则。签约入学，让幼儿教育能够回到"以孩子为主体"的初衷。

第十七章

从入园第一天谈起

——看德国老师如何帮助新生适应环境

早上八点半，幼儿园里开始热闹起来，孩子们嬉闹跑跳；木制儿童厨房里锅碗瓢盆互相碰撞随后掉地撞击；另一头教室传来的音乐，伴随着几个孩子踢踢踏踏左摇右摆的舞步。今天的幼儿园和之前的早晨序幕没有什么不一样，园所里一切如常，除了我今天要迎接一个新生，我们幼儿园里的新朋友。

门铃响了，是预约好九点前抵达幼儿园的新生，随行的当然还有新生的妈妈。在德国，幼儿园会告知家长个别新生入园的确切日期；有别于我们的幼儿园一并入

大部分中国台湾的幼儿园采用一并入学制度，所有的新生统一入学。

VS

德国幼儿园给予新生弹性的适应期，并借由家长陪同入园的方式，加强双方交流且建立信任关系。

学制，德国幼儿园大约以每次一至两位为限，渐进纳入新生至满班为止。一般来说，幼小班（Krippe）的人数以二十位为限，配有五位幼教老师，四岁以上的中大班（Elementar）一班二十个人则配有三位老师，入学日当天由一位家长陪同进园，每位新生由一名幼教老师负责照顾。

这次来的新生海莲娜是一个一岁半的小女生，棕发蓝眼，一踏进门，在妈妈背后安分了几分钟，按耐不住天生的好奇心，径自往玩具堆里走去。她很快地拿起一块积木往后丢，接着每拿一块丢一块，四处落下的积木活像炮火击破后的废墟残骸，妈妈急忙地想阻止，我和德国同事相视而笑说：“第一天的她似乎玩得很开心呢。”

入园第一个月暖身期，建立孩子、老师、家长互信关系

德国幼儿园多数都采纳所谓的柏林入园适应模式（Berliner Modell），这个适应模式由教育学者Kuno Beller所创，因首先在柏林发展而命名。他透过实际观察研究来找出缓和新生入园初期紧张和不安全感的最好方法，**研究发现，在适应期间有父母亲**（或主要照

德国学前教育通过“孩童分次入学”和“第一周家长全程陪同入园”的方式，减低孩子和爸妈初期的不安。

顾者）陪伴入园的新生，**往后在认知发展上明显优于单独入园适应的孩子。**

该模式的理论基础认为孩子、幼儿园和父母在入园初期必须保持良好且平衡的三角关系，父母有机会深度了解幼儿园的生活作息，幼教老师也有时间以一个观察者的角色去进一步认识新生的个人性情和喜好。最重要的是，**每一个孩子应该被视为不同的个体来对待，所以适应期的时间长短也因人而异**，他认为孩子被迫送进幼儿园独自适应，对其认知发展可能会造成负面影响。

因此，幼儿园为了让每个孩子能得到最完善的照顾，每次只能有一至两位新生入园就读，适应期约一个月，这期间由负责老师循序引导孩子在园里的例行作息。

入园的第一周，家长必须陪同孩子进入园所并共同参与早上的活动，从九点用早餐，九点半的晨间律动时间，到十点的自由玩乐时间，家长可借此了解幼儿园里的运作情形，并有机会观察老师和孩子们的互动，也进一步了解有哪些生活常规必须遵守，哪些物品要备齐，陪同过程中倘若有疑虑，也能随时向老师提出问题。

初入学的新生大多介于一到三岁。第一周家长多半是安静地陪在孩子四周，而不是积极地陪玩，目的是让新生能够有安全感地探

德国幼儿园多数采纳"柏林入园适应模式"，此模式认为孩子、幼儿园和父母在入园初期必须保持良好且平衡的三角关系。

索四周并熟悉环境，也让负责照顾新生的老师能依新生反应做适当的互动。

　　每个孩子的状况不一，有的怕生的孩子一步也不会离开家长身边，也有的孩子看到新玩具、新朋友，会乐得丢下家长满场疯跑。孩子的种种方面都是幼教老师在新生入园第一天必须观察记录的重点，观察中我们可以更深一步地了解每个孩子不同的特质，有些孩子对身体接触或声音吵杂的环境敏感，有些则特别需要拥抱来建立安全感。借由观察、了解，孩子、老师、家长建立信任关系后，孩子的幼儿园生活才能有好的起点。

德国老师这样做

适应期长短，完全取决于孩子的状况

　　从第二周开始，幼教老师会逐日减少家长陪同入园的时间，让孩子开始学习适应独自在园所，前两次请家长离开的时间可能只有短短的十五分钟，再来可能是半个小时，幼教老师需要仔细观察孩子的适应状况来缩短或延长孩子独自待在园所的时间。

　　到了第三周，孩子如果适应良好，幼教老师会在此时建议爸妈把孩子送到门口就要说再见，孩子才能独自练习适应团体和环境。爸妈离开时，孩子很可能还是会哭会闹，所以爸妈一定要稳定好自己的情绪，给孩子大拥抱和甜蜜的一吻后就不要逗留。德国幼教老师们认为，孩子会感染爸妈紧张不安的情绪。爸妈若也表现出分离焦虑感，孩子便会顺着这个情绪做出反应。

幼教老师每周要仔细留意孩子的情绪反应来渐进式增加分离时间，因此新生到了第三周可能才会留下来吃午餐，而对于要待上一整天的孩子，留下来午睡则必须等到第四周才能进行。这一个月里，负责新生的幼教老师最主要的工作就是陪伴新生并安抚情绪，其他的幼教老师会主动接手照顾其他小孩。

"请问，孩子哭了你会怎么办呢？"新生妈妈的第一个问题通常相当直接，但是在被问的当下，我丝毫不觉得这位新生妈妈是在出考题给我，我明白她只是想进一步了解园所里的教育理念。

"适应期间孩子的情绪反应，会哭会闹是正常的，如果是间断性的哭泣，哭个约莫十分钟，停了一会儿又哭的情况，我们会陪伴或进行游戏、转移注意力来稳定情绪，也许是带着孩子吹泡泡，或者去看水族箱里的金鱼宝宝等等。但是如果孩子哭的时间太久，甚至不喝水、不进食，我们会立刻通知家长来带孩子回家，因此适应期的一个月内，家长要能随时让我们找得到人。"我回答。

"我明白了，那一个月的适应期过了之后呢？"可想而知的第二道问题。

"过了适应期，孩子也慢慢习惯园所的生活作息，我就必须判

幼儿园为了让每个孩子能得到最完善的照顾，每次只能有一至两位新生入园就读，适应期约一个月，由负责老师循序引导孩子的例行作息。

断这孩子为什么哭。是肚子饿？前一晚没睡好太累？还是打预防针或长牙不舒服？或只是对活动转换过程感到不安而哭泣？**如果一个月的适应期过后，孩子仍然有强烈的分离焦虑，那么我们只能再次延长适应期。**"我笑着说。

相较于中国台湾幼儿园一并入学的制度，德国给予新生更弹性的适应期，也希望借由家长陪同入园的方式，加强双方交流且建立信任关系。

不论在中国台湾或是在德国，新手爸妈对于家中宝贝第一天上幼儿园的心情，可能远比上学的孩子更紧张。担心孩子不适应地哭闹、水喝得不够等等这些问题总是像跑马灯一般地在爸妈脑中缠绕不停。因此，幼儿园在孩子入学前还会安排个别家长会谈，除了借此了解入学孩子的家庭生活状况，也可以帮助这些新手爸妈们做一些心理建设。

德国学前教育透过"孩童分次入学"和"第一周家长全程陪同入园"的方式，也大大地减低孩子和爸妈初期的不安。

另一方面，德国幼教老师花相当多的时间观察每位新生入园后的状况并做文字和图像记录。德国幼儿园每个孩子的成长本（Profolio），就从第一天开始记录，一直到毕业为止。孩子们的身高体重变化、第一次午睡、开始学走路、最好的玩伴、美劳作品、喜欢的歌曲等等。这样生活化的记录方向，完整地将孩子的成长过程印记下来。

早教班的孩子，老师会观察留意孩子的学习喜好并做记录，而小中大班的孩子则开始可以决定自己的成长本里面想要放进什么东西。成长本对不少大孩子来说，就如同个人的日记本一样私密，不管是同学还是幼教老师，都必须要先征得本人的同意才能阅览。

孩子的一切学习都呈现在自己的成长本里，里面可能收藏了去树林探险拣拾来的落叶，艺术创作课随意挥洒的水彩画，或是跟好友一起协力合作组合成的拼贴纸飞机……

没有学期成绩单的德国幼儿园，不让分数高低左右孩子的学习兴趣，因为每一页的学习记录不仅独一无二，对孩子来说也各具意义。

孩子的一切学习都呈现在自己的成长本里，中大班孩子可以自己决定想要放什么进去，不管是同学或老师，都必须征得本人的同意才能阅览。

第十八章

每日晨间的户外探险

——绝对重要的自由玩乐时间，玩出创造力

户外探险是德国学前教育每天的重头戏。

虽名为户外探险，但实际上就是去幼儿园步行可到的公园里玩。德国到处都有公园，活动空间也比我们一般的公园大了两三倍，通常会有溜滑梯、秋千、跷跷板和沙坑等基本配备，也有难度颇高的攀爬网。

如果不是到德国的幼儿园工作，我几乎就要忘了童年记忆中户外探险是多么好玩的游戏。它最精彩的部分，正是就地取材。不同于一般市售的功能性玩具，按一个钮就有声光反应，或是如机器人或遥控飞机有其特定的玩法。

本次活动因雨改期。

VS

下雨天只要小孩穿着雨靴雨衣，就算小孩整个身子坐在水坑中假装泡澡，德国幼教老师们的眉头也不会多皱一下。

在户外，小孩可以恣意地想象，树枝可以是宝剑，沙子其实是做饼干的面粉，随地可拾的落叶小石子也可以变成宴客的小茶点。最简单的素材可以玩出最多的花样，孩子的创造力和建构能力就是这样一点一滴地养成。

更重要的是，走出户外的孩子，才能真正看见世界的样子。第一次摸到沙子手的触感，风吹过耳际的声音，还有初秋到处不停落下的树叶。

每天早上，老师们一旦确定总共有几位想去公园的小孩，便会开始整装出发。这样的出游计划是不会因雨取消的，除非是下暴雨或零下十度大风雪的坏天气，否则就算是下雨天，孩子们穿上雨靴雨衣，也照样出门探险去。

德国幼儿园如果没有自建的户外活动空间，就会设在离公园不远的地点，因为大部分德国的幼儿园是没有校车的，所以幼儿园所安排的大大小小户外活动地点，大都要在理想的步行距离内。

每天去公园的路程，除了还不会走路的小小孩会让他坐在推车上，其余满两岁小孩们，全都入列在二十位小孩加上五位老师的步行队伍中。从园所出发到公园的距离虽不算远，依照小孩的步行速度，约略十分钟左右便可抵达。

在户外，小孩可以恣意地想象，最简单的素材可以玩出最多的花样，孩子的创造力和建构能力就是这样一点一滴地养成。

可想而知，这短短的距离中到处充满了令小孩注意力分散的"障碍物"，使得这段路程颇具挑战。其中最容易引起小孩分心而根本忘了看路的莫过于各种大货车，尤其是小男孩们，在看到大货车降速转弯的时候，整个注意力完全被吸引过去了，怎么叫都叫不回头；一群小男孩们顿时停在路中央、小嘴微张、呆望着货车的模样，用"集体催眠"的症状来形容也不为过。

但这还不够看，狗的魅力似乎更胜一筹。德国人爱狗世界闻名。很多小孩家里都有养大狗，所以狗对他们而言，不但不会害怕，反而如熟悉的玩伴般亲切。我们常常在走去公园的途中遇到遛狗的人，孩子们都会用手指着狗，开心地大叫，更热情一点的就会开始自动偏离队伍、想往狗狗的方向走去，这时老师们就得绷紧神经，看紧每个可能因狗狗而意图"叛逃"的小孩。

好不容易抓稳了队伍走到公园之后，待老师拿出大包包里玩沙坑的大小铲子和水桶漏斗等玩具，小孩们纷纷上前，小手抓了工具就迫不及待、各自散开玩乐去了。这里的公园跟一般小学的操场大小差不多，四周都有安全铁门围着。

所谓的自由玩乐时间（Freispiel），是指德国幼教老师除了不会带着孩子玩，也大多不会瞻前顾后地看管着小孩。即便是一岁多的小小孩，也可以自由在公园里行动，不会受到限制；大部分的时间里，老师们就站在远处注意着孩子。

有时遇到下雨天，公园里到处都是大大小小的水坑。这时，只要小孩穿着雨靴雨衣，没有任何一个老师会阻止他们要在水坑里怎么玩。就算小孩丢小石子到水坑溅起泥水喷得满脸，或是整个身子坐在水坑中假装泡澡，德国幼教老师们眉头也不会多皱一下。当然有些水坑可能实际上的水深比表面看上去要深很多，对于年纪较小的孩童还是有安全上的顾虑，所以小孩们在玩水坑的时候，老师们一定会站在周围留意，却不会因为有安全上的考量而完全剥夺孩子们玩水坑的乐趣。这个时候，总有几个因为家长忘了准备而没有雨靴穿的孩子，一脸欣羡地站在水坑旁，想趁着老师没留意的时候，偷踩个水坑几下也过过瘾。

除了玩沙坑、水坑，孩子们也非常爱钻进树丛里去捡树枝或松果。很多时候他们藏身的树丛，树枝茂密到我根本无法挤进去。**孩子们常常为了要捡到他们想要的树枝而被树丛间密布的小枝干刮得满脸是伤，绊倒摔跤更是家常便饭，但孩子头一两次会哭，经过每天这样玩，孩子似乎越挫越勇，玩得越狼狈越开心**。这期间，就算再小的孩子摔倒了，老师们都会先观察个几分钟，只要他自己可以爬得起来，老师不会急着一个箭步冲过去帮忙，除非孩子真的没办法自己站起来，老师才会扶他一把。

有些孩子们特别喜欢把自己埋在落叶堆中，或是整个人平躺在沙堆上滚来滚去，不管用什么方式，孩子总能找出玩得自在快乐的

自由玩乐时间，是指老师除了不会带着孩子玩，也不会瞻前顾后地看管着小孩。大部分时间，老师们就站在远处注意着孩子。

每日不间断的户外游戏，
爬高、捡落叶树枝、玩沙、玩雪、踩水坑……
孩子总能找出玩得自在快乐的游戏。

通过与自然互动、具体操作不同物体，
探索并理解事物间的关系，
是认知发展中必要的一环。

游戏。我曾经看过班上一个刚满一岁的孩子，因为还不会走，所以坐在沙堆上四处张望周遭的环境。过了一会儿，他用小手抓了一把身旁的沙，非常仔细地放在手心观看着。接着握住沙子后再慢慢地将这些沙子从指缝间流下，沙子落光了再抓一把，一再重复这动作；只见他非常专心地看着整个沙子落下的过程，好像正在进行一件重要的研究，最后他足足玩了大概有十分钟之久。显然他对这重复的动作丝毫不感到乏味。

我突然意识到，原来孩子正透过各种感官理解并建构他眼中的世界。透过与自然环境的互动和探索，进一步累积生活经验。而认知能力很大一部分就是建立在探索并理解事物间的关系。每日不间断的户外游戏，让孩子具体操作不同物体，的确是认知发展中必要的一环，这也才应该是学前教育最重要的意义。

在德国，无论春夏秋冬、晴天雨天，大城小镇不同的公园里，都有一群快乐奔跑的孩子。他们充满生命力的笑声会不自觉地教会你享受每一处细微的美好。请给孩子真正需要的生活与学习。

第十九章

德国幼儿园的"无玩具日"

——让孩子狂动脑筋，聪明玩

德国学前教育深信，每天给六岁以下的孩子大量的自由玩乐时间，是强化孩子日后的学习能力不能轻忽的一项前置作业。孩子在该玩乐的年纪玩得不够，就等于没有为日后的学习打好根基。他们认为，**开放的玩乐方式能启动孩子的学习能量，因此德国幼教老师很少带领开展游戏活动。**

每天，孩子都得动脑筋想想有什么东西可以玩，能够怎么变化方法来玩，日积月累中，孩子会逐渐培养出自己主导学习的能力。另一方面，只要孩子有能力也有

"玩具分享日"让孩子学习分享，只要是孩子喜欢的东西，都可以带来和大家一起分享。

VS

"无玩具日"培养并试探孩子们"玩"的能力，刺激孩子的想象力和创造力大爆发……

勇气尝试，幼教老师便尽量不去干预孩子的玩法，所以即使两岁的孩子自己爬上了秋千，双脚站着晃，幼教老师也会谨守"观察者"的角色站在一旁注意，而不是去制止，因为他们知道会玩的孩子，才能练就出真本事。

我们的不少幼儿园都有"玩具分享日"的活动，当天每个孩子都能带一个自己心爱的玩具到校跟其他小朋友一起玩乐；该活动设计的目的本身是除了让孩子学习分享，同时也是一种资源交流，因为带来的东西不只局限于机器人或娃娃等狭义的玩具，只要是孩子喜欢的东西，例如书本、图卡甚至是海边捡来的贝壳等等，都可以带来学校和大家一起分享。

我记得还在刚工作的幼儿园时，孩子们都好期待每周五的玩具分享日，因为那一天孩子可以彻彻底底地玩个过瘾，我也常常坐在地板上跟孩子们一起玩着他们带来的玩具，孩子们在那天能够不用一整天都忙着学东学西，于是每周五的时光总是过得特别快，也特别开心。

但是细想下来，我们的学前教育却是明显忽略了"玩"对孩子的重要性。星期五的玩具分享日，就像是孩子难得的从密集的智识课程安排中所获得的小小喘息的机会，"先念书，功课做好，才可

每天，孩子都得动脑筋想想有什么东西可以玩，能够怎么变化方法来玩，日积月累中，孩子会逐渐培养出自己主导学习的能力。

以玩！"，这种想法似乎已成了许多中国台湾家长或老师根深蒂固的观念。

然而，德国人却认为，对六岁以下的孩子而言，除了学习生活自理，"玩"才是唯一的正经事！

幼儿园生活几乎每天都风雨无阻地外出探险，就算留在园所里，孩子们也是在玩，他们深信，充分的自由玩乐可以打通孩子学习的任督二脉，让孩子在进入小学接受正规教育时，已经具备了全方位的学习基础。

德国老师这样做

开放式的无规则游戏，让孩子的能力充分释放

我任职的德国幼儿园，为了进一步培养且试探孩子们"玩"的能力，将每周四定为"无玩具日"。

当天，老师们会把所有的玩具收起来，没有乐高积木，没有小火车小汽车，也没有芭比娃娃。老师们会跟孩子说："今天所有玩具休假一天，所以你们得自己想想要玩什么游戏。"

事实证明，孩子的想象力和创造力无极限，他们可能在教室里玩起躲猫猫的游戏，或者把椅子排排放当作小火车……

有一回，在"无玩具日"当天，有位老师刚好要拿一个废弃的大纸箱去回收，一个孩子看了问老师可不可以给他，这位老师心想反正不过是一个纸箱，应该不违背"无玩具日"的宗旨，便给了孩子。

　　结果孩子们大纸箱一拿到手，刚开始把纸箱当作房子玩过家家，后来几个孩子设法把纸箱凹折成一个角度开始玩溜滑梯，这个大纸箱他们玩了大半天都不嫌腻，最后甚至把纸箱撕成好几个大纸板，一下子玩拼图，一下子又拿胶带将撕下来的纸板重新组合过后黏贴成汽车或机器人，我看见了**孩子不停地重复着，从设想到破坏，又从破坏到重建的过程**，扎扎实实地体会到为何德国人如此注重孩子玩的能力，因为幼龄的孩子真的能够透过玩，让所有的能力充分释放，而这不是制式的课堂学习能做到的！

　　学习不是非得要跟课本划上等号，家长和老师千万别让孩子虚度了越玩越聪明的黄金时期。

　　德国人为何注重玩的能力？因为幼龄孩子真的能够透过玩，让所有的能力充分释放，而这不是制式的课堂学习能做到的！

第二十章

幼儿瑜伽课

——学才艺，不是为了成就将来

每个星期三的上午，在晨间律动时间结束后，班上几位报名瑜伽课的小孩开始迫不及待地把鞋袜脱掉，这是除了午休时间外，他们难得可以获准在室内不穿鞋袜的时刻。

儿童瑜伽课在德国非常盛行，有不少私立的德国幼儿园甚至有提供学龄三岁以下的幼小班瑜伽课。也许有人会纳闷地想，年纪这么小真的适合学瑜伽吗？我只能回答，学瑜伽对幼儿身心发展有助益，但不是每个小孩都对瑜伽感兴趣，所以这个问题只有自家小孩能回答。孩子有兴趣自然

学才艺、参加社团，能让孩子未来更有竞争力！

VS

德国父母在乎的是，孩子喜欢吗？觉得好不好玩？学才艺是为了让孩子有一个培养兴趣的机会。

就会跟着做,没兴趣的孩子枯待在瑜伽教室内,半小时也挺难熬的。

瑜伽课每周一次,每次三十分钟,一个班只收八个小孩,年龄不拘,不过前提是孩子能跑能跳,有基本的语言理解能力,能明白动作指令,所以大部分报名参加幼小班瑜伽课的小孩,都至少一岁半以上。

瑜伽运动,帮助认知身体和情绪教育,练习放松、专注,内化成孩子内心稳定的能量

德国幼儿教育不只注重孩子的肢体运动,也同时强调情绪教育的重要。所以德国幼儿园认为,强调身心灵平衡的瑜伽运动,对幼龄孩子来说其实是非常好的尝试。想当然,各部位柔软度一流的小小孩做瑜伽动作可不是为了使筋骨柔软,而是一步步借由瑜伽体位,让孩子清楚觉察自己的身体。

课程中,瑜伽老师运用韵文和游戏方式,让孩子的想象力飞驰,而瑜伽课里的呼吸练习,也能够使孩子学会放松和专注,长久练习下来会内化成心中稳定的情绪能量,克服害羞和容易不安的个性。

"OM……"瑜伽老师一进入教室,道了早安后就开始瑜伽课打

德国父母在乎的只有孩子学习上的主观感受,一切的考量都基于希望孩子能够身心愉快地度过童年。

招呼的起手式。她双手合十放在胸前，发出类似中文"嗡"的长音，原本在一旁嬉笑打闹的小孩们突然间都神奇地安静了下来，也都一起有样学样地在胸前双手合十地嗡嗡嗡起来。

紧接着，瑜伽老师带着孩子在教室内绕着圆圈说着"走走，慢慢走，走走，慢慢走。"孩子们就像一群听话的小鸭般，跟着瑜伽老师的指示，尾随在后走着圆圈。绕了几圈后，瑜伽老师会很快地换下一个动作，有时双手合十高举，单脚站立，让孩子们想象自己变成一棵大树，有时也可能化身为蝴蝶或小鸟。用清楚简单的指示加动作，让小小孩运动到不同部位的肌肉。

瑜伽课程一般是列入幼儿园里自费学习的课程，其他还有陶土和打击乐器等选项。因为大小孩子能做的动作难度有异，所以幼儿园的瑜伽课依年龄分班，三岁以下为一班，四到六岁另外开一班授课。

以幼龄孩子来说，尚未有足够的口语能力清楚表达喜好意愿，所以家长在报名之前根本没有把握孩子是否喜欢瑜伽，只能在实际上课后由幼教老师侧面观察孩子的学习情况。有的只有一岁半的小小孩，跌破大家眼镜，课堂动作完成度几乎百分之百，反之也有满三岁的大男孩完全不听指令满场跑。这时候幼教老师就必须向家长反映真实的课堂状况，让家长判断。

要不要学才艺？学什么？完全取决于孩子

两岁的小女孩宝拉爱玩爱动，妈妈一听说瑜伽课程还剩下一个名额，帮她报了名想让她试试。

很快地到了上瑜伽课的时间，瑜伽老师黛安娜亲切地和大家说早安便走进教室，好几个已经在教室里等待的小孩热情地抱着她，第一次上课的宝拉显得非常紧张，对于只见过几次面，但没有直接互动过的黛安娜老师，还是感到很生疏。宝拉突然大哭了起来，我只好向黛安娜表明孩子有点怕生，可能需要我陪着她一下缓和情绪。她笑说没问题便开始上课，于是宝拉第一次的瑜伽课整整半小时都坐在我大腿上看别的小孩一下弹跳，一下翻滚，一下变成"蛇"发出嘶嘶嘶的吐舌音。她看得很专注，人却一动也不动，只要我一离开就大哭，很快地三十分钟的瑜伽课也下课了。

到了下午三点，宝拉妈妈来接小孩的时候，问起她第一次上瑜伽课的情况："第一次上课还好吗？"

我想了一下，苦笑说："不能说好或不好。她看起来很有兴趣，全程都一直盯着看老师怎么做，但是不肯离开我一步，整堂课都用

　　学才艺是为了让孩子培养兴趣。德国人相信找到自己热爱的兴趣，会更懂得如何平衡过生活，进而建立健康的人生态度。

眼球做瑜伽。"

宝拉妈妈笑了出来，接着说："是啊，她本来就是比较怕生慢熟的孩子，也没办法勉强她跟着做。"

"下星期再观察一次吧！"我说，"她应该只是需要一点时间适应老师。"

"这没问题。只要她真的有兴趣，我会让她试的。但如果状况真的很糟，也不用勉强她一定得去上。"

下个星期的瑜伽课，宝拉一看到瑜伽老师黛安娜，还是跑到我怀里哇哇大哭。安抚她一阵子后，她又静静地坐在我大腿上看着大家做动作。其实她可以自己开门走出教室，但是她没有，她选择了留在教室看着大家上完瑜伽课。我猜想，她其实还是很感兴趣的。果然，后来的几次瑜伽课，宝拉都一次比一次更进步。从一开始坐在我身上看，到自己坐在地板上看，再进步到一边看着老师一边偷偷跟着做，到后来愿意接受老师的指导完成正确的动作。在第五堂课的时候，我总算可以松一口气让她自己去上瑜伽课了。

不管上什么才艺课，陶土也好，瑜伽也好，德国父母在乎的只有孩子学习上的主观感受，他们喜欢吗？觉得好不好玩？一切的考量都基于希望孩子能够身心愉快地度过童年。除此之外，对于这才艺课程能为孩子的未来带来多大的好处，则没有太多的遐想。德国父母不太会去想象孩子的未来应该如何，他们认为孩子的未来不是他们能规划的。孩子的未来，本来就应该握在孩子的手上。身为父母最大的责任，除了教养孩子，还包括让孩子能依其所好，适性发展。学才艺是为了让孩子有一个培养兴趣的机会，他们相信有一个自己热爱的兴趣，会更懂得如何平衡过生活，进而建立一个健康的人生态度。

也因此，在德国我还不曾见过任何一位违背孩子个人意愿，而强行替孩子决定上才艺课的父母。就像宝拉的妈妈，觉得自己活泼好动的女儿应该会喜欢上瑜伽课，但实际上课过程中出了点状况后，也不会因为已经花钱报名上课，孩子却不跟着做而觉得很可惜，反而愿意耐心花时间观察她每次课程的反应。因为，培养兴趣，学习才艺，不须急着提前开跑，忽视孩子个别性情；强迫学习才艺，更不是明智父母应该有的行为。

在德国幼儿园工作之前，我曾在美语幼儿学校工作了好些年。

有些孩子从小班带到大班，从幼儿园毕业后也接着来上小学部的美语班。我真的是一路看着他们长大的。很难忘记有一天的下午，我正站在复印机前印考卷时，一位我从小班带到毕业的小女孩突然跑过来，两眼泛泪地对我说："老师，我好想睡觉。"看着才一年级的她一脸倦容地刚上完珠算课，紧接着要去上美语课，我问她是不是不舒服，她也没说话，只是紧紧抱着我。我转身问了其他老师，如果她真的不舒服，是不是应该通知家长来接她回家，却只得到：

上才艺课时，德国妈妈不会因为已经花了钱，但孩子却不跟着做而觉得很可惜，反而愿意花时间耐心地观察孩子课后的反应。

瑜伽课，老师运用韵文和游戏方式，

让孩子的想象力飞驰，

呼吸练习使孩子学会放松和专注，

长久练习下来会内化成心中稳定的情绪能量，

克服害羞和容易不安的个性。

"家长说只是重感冒没大碍，上完课才来接她。"顿时心中有很强的无力感，因为自己什么都做不了。

现在她美语和珠算学得如何我无从得知，但我想当时的她应该学得不很快乐，至少和小班时比起来笑容少了很多，特有的古灵精怪特质也不见了。**在德国任教后，我更清楚明白一点，不管孩子学任何才艺，绝对不能把他们的快乐心丢掉，因为那真的才是成长路上最需要被珍视的东西。**

第二十一章

走！两岁幼儿学搭公交车出游
——超级校外教学，小孩的多重学习任务

　　记得在中国台湾的幼儿园工作时，学校每个月都会依照计划带着孩子进行半日的校外教学。当天一大早，好几辆校车就会在校门口外等候，师生踏出校门就直接被安全地送达目的地，甚至连马路都不用过。植物园、儿童游乐中心、图书馆，还有小朋友很爱去的动物园等等，几年下来，我也造访了不少平常自己不会去的地方。

　　德国幼儿园除了每日既定的户外自由玩乐时间，学期中也都会依情况安排至少每月一次的户外教学日。在德国，很多时候只要幼儿园提早预约，一些博物馆不时

> 每月的半日校外教学，师生踏出校门就直接被安全地送达目的地，甚至连马路都不用过。

VS

> 德国幼儿园户外教学日当天就是搭乘各种公共交通工具到目的地。从一岁到六岁，不分大小一起出游去！

会在平日招待幼儿园学童免费入场，搭乘公交车或游览船也有优惠甚至免费，所以幼儿园都会留意讯息，安排出游计划。

不同的是，德国幼儿园并未配有校车，户外教学日当天就是搭乘各种公共交通工具到目的地。不管在火车、地铁或公交车上，都不难看见几位幼教老师带着孩子们出游的景象。从1岁到6岁，只要是幼儿园的一员，不分大小一起出游去！

对德国人而言，通过校外教学日参观不同地点，种种有别于日常生活的环境刺激，能唤起孩子的观察力和好奇心，并以多元的生活经验来增加对知识的应用。因此，搭乘公共交通工具的体验，也是户外教学的重要项目之一。

轮流让大孩子带队，亲身经验比耳提面命还有效！

早上9点一到，即刻整队出发，绝对逾时不候。小孩们背上自己的后背包，两两成对地小手牵牢，从幼儿园走到公交车站牌往往已经花掉二十分钟了。4岁以上的大孩子则有机会轮流当领队员（加上一位领队老师），负责在十字路口或红绿灯前指示队伍前进，实

火车、地铁或公交车上，常见老师带着孩子出游。从一岁到六岁，只要是幼儿园一员，不分大小一起出游去！

际让孩子清楚在路上的安全守则。

"Stop!"负责领队的优可大喊，这时漫不经心、压根儿没在看路的菲力差点迎头撞上前面的孩子。

"菲力，你可以告诉我为什么优可要在这里停下来吗？"我问。

只见菲力毫不迟疑地回答："因为有红绿灯。"

队伍里面几个大孩子马上咯咯笑了起来。"仔细再看一次四周，请你指出红绿灯的位置好吗？"我对他说。

菲力这时才认真地四处张望，发现没有红绿灯之后，困窘地看着我。

我看着他说："是不是没有红绿灯？那你知道为什么优可要停下队伍吗？"

他摇了摇头。

"不知道没关系，有谁可以帮他回答这个问题呢？"我问。

顿时好几位大孩子一起说出答案："车库。""因为有车库要停下来看一下。"

"想起来了吗？不只是路口、红绿灯，遇上车库的大门，也要留意是否有车辆进出再通行。"我笑着说，也回头称赞优可带领得很好，有注意到安全。

德国幼教老师认为，在安全大原则下，应该尽量让孩子自行练习判断四周的路况，因为即便老师讲了数十遍的行人安全，孩子在路上注意力不集中，常常听过就忘，老师说要停才停下来。

所以，针对大一点的孩子，与其带着他们过马路，不如给他们带着老师过马路的机会教育。由被动跟随转换成主动带领，会帮助孩子应用所学到的生活知识。而三岁以下的小小孩，虽然还没有机会带领队伍，但是步伐再慢都没关系，能自己走的就绝对不会有人抱。此外，德国幼教老师非常反对在外出时，为了预防孩子走失或脱离队伍而使用幼儿牵绳，他们认为这不仅减损孩子的自主意识，也变相剥夺孩子学习马路安全的机会。

过度使用推车让孩子长不大，两岁以上的孩子请向它说拜拜

幼儿园的户外活动多，每个月几乎都有不同的户外教学活动，就算去到动物园半日游，除了两岁以下的孩子可能有推车坐，其余的孩子都得一步一脚印地走完全程。所以，孩子满两岁以后，老师开始会建议家长接送的时候尽量不要让孩子习惯坐推车回家，因为两岁以上的孩子应该都可以自己走得很好，前提是，父母需要每天给予适度的运动量来增加肌耐力。

训练两岁以上的孩子尽可能自己走路，不坐推车，不要人抱，是上德国幼儿园前，家长最好能帮孩子养成的能力之一。这就如奶嘴、奶瓶或围兜等等幼儿用品，在过了某个时间点就必须逐步让孩

对于大一点的孩子，与其带着他们过马路，不如由被动跟随转换成主动带领，给他们带着老师过马路的机会，帮助孩子应用所学。

子脱离依赖，孩子才能一步一步，不管在心理或生理上，学习独立长大。

校外教学日当天，学校老师会带领孩子出发步行走到公交车站，等公交车到站后，一位幼教老师先上车买票，其余几位老师则负责引领孩子排队上公交车。平日的非交通高峰时间，公交车或地铁都会有满多的空位，没有足够位置也没关系，孩子们就站一会儿，通常目的地都只需要坐个几站就到了。除了不占用博爱座外，德国人普遍没有让座的习惯，"你是老人所以身体虚弱"、"你是小孩所以站不得"等等刻板印象在德国，有时反而是一种误贴标签的不礼貌行为。

"如果孩子站个几站都觉得太吃力，那这孩子今天的身体状况可能根本不适合出游。"德国老师这样说道。

虽然户外教学日前的准备工作不少，不过德国幼教老师出发前并不会帮大孩子备齐随身物品，回程时也不会一一清点东西是否都有带到。

一次从博物馆回来的路上，德国老师尤拉发现四岁的欧力遮阳帽不见了。"欧力，你的帽子呢？"欧力一被问到，摸了摸头，发现帽子不在，开始左顾右盼地找。"帽子不见了。"遍寻不着后，他沮丧地说。那时整个队伍已经在回程的路上，也无法折返回去找帽子。回到幼儿园，欧力整个人闷闷不乐，似乎很难面对最爱的蜘蛛人鸭舌帽弄丢的事实。等到下午妈妈来接他时，看到妈妈，他忍不住哭了起来："帽子弄丢了，蜘蛛人帽子弄丢了！"

欧力妈妈向老师了解整个状况后，只转头对他说："新帽子丢了，你很难过是吗？"他点点头。妈妈也不急着安抚，只说："我知道你不是故意丢的，但是你现在已经是大男孩了，帽子也是你自己选的，要自己保护好。弄丢了新帽子，现在也只能戴旧的那顶了。"一转身在欧力的置物柜上拿出他的另一顶旧帽子。

欧力见状突然开始生起气来，大声喊："我不要戴这顶帽子！我不要戴这顶帽子！"

"没戴上帽子遮阳，就不能去公园玩。"

"我要我蜘蛛人的帽子。"

"蜘蛛人帽子弄丢了就是弄丢了。你只可以选择戴着这顶帽子去公园玩，还是直接回家。"妈妈不为所动，继续说，"但是你如果选择连旧帽子都不要，很可能下一次的户外教学日你也不能参加。"

欧力一听只好悻悻然地戴起帽子，一脸委屈地跟着妈妈离开。

在德国父母眼中，管教孩子最重要的一点就是不能失去原则，不用大声怒骂，直接让孩子切身体会到自己的行为所带来的结果，比什么都有效。如果这时候父母为了安抚孩子，很快应孩子要求买了新帽子，甚或反问老师为何没把孩子的物品看管好，孩子便会从家长的反应，自行解读成"照顾好物品"这件事与自己并无关系，

户外教学日的学习任务是小孩的大挑战：跟好队伍和判断路况安全，排队上公交车或地铁，没座位时在车上抓牢把手，并负责看管好自己的物品……

☆

小孩们背上自己的后背包，两两成对地小手牵牢，   ☆
学习跟好队伍、上公交车坐地铁、看管自己的物品……

户外教学日，让孩子练习脱离依赖，
孩子才能一步一步，   ☆
不管在心理或生理上，学习独立长大。

自然很难养成负责任的态度。

在袖珍博物馆看迷你飞机起飞降落，在市立图书馆借自己喜欢的书回家阅读，到动物园里去拜访动物朋友们。每次的户外教学日都有不同主题，孩子也总是满心期待着每次出游。学习如何跟好队伍前进和判断路况安全，排队上公交车或地铁，没座位时在车上抓牢把手，三岁以上的孩子也得学习负责看管好自己的物品。户外教学日的种种学习任务，真的是给幼儿园小孩的大挑战。

第二十二章

爸爸妈妈，游戏约会是一定要的好吗

——五岁开始在同学家过夜，德国父母理性应对

　　多数德国人固然不赞同在幼儿时期学习知识科目，但有一件事，德国父母却认为绝对不能"输在起跑线"，那就是培养孩子的社会化能力。

　　只要家中小孩满周岁，能坐能爬，不管有没有上幼儿园，德国家长都会带着家中小宝贝参加各种自费或政府单位主办的亲子活动，而每日到公园玩耍更是少不得的，主要目的是让幼儿去体验家庭外的生活世界，获得更强更广泛的学习刺激。在德国，幼儿的"外出放风时间"可不是爸妈推着婴儿车到附近边采买边散步，绕完

> 幼儿的"外出放风时间"，爸妈推着婴儿车到附近边采买边散步……

VS

> 到附近公园玩沙坑、荡秋千，德国爸妈趁机观察孩子们之间的互动，寻找性情相投的玩伴。

一圈散步回家就可交差了事。

德国人认为，过于单向且封闭的社交网络会阻碍孩童的身心发展，就算父母选择不让三岁以下的孩子上幼儿园，也应该积极安排孩子跟外界多方互动，从而能逐步了解如何和同伴相处，同时从游戏过程中学习情绪控制和解决问题的能力。所以除了到附近公园让孩子玩沙坑、荡秋千，爸妈也趁机观察孩子们之间的互动，来替孩子寻找性情相投的玩伴，一起去游泳或上音乐律动课，尽可能地帮孩子增加不同的社交活动。

请老师协助观察学校玩伴，帮孩子安排游戏约会

在欧美社会，帮孩子找游戏约会（Play Date）的对象不是什么新鲜事，不过德国爸妈却早早就鸣枪起跑，从两岁便开始进行游戏约会，而五六岁的孩子甚至已经会开始约朋友在家里过夜。德国父母认为人际关系的互动能力应该从小开始建立，而健全的社会化能力将会是孩子一生重要的基石，所以一旦孩子逐渐适应幼儿园生活，爸妈的下一个任务就是帮家中宝贝安排"游戏约会"。

德国父母从孩子两岁就开始进行游戏约会，五六岁时，甚至开始约朋友在家里过夜，从小奠定健全的社会化能力。

大约从两岁开始，幼儿会明显地从单独一人玩乐模式，跳脱至双人甚或多人的同乐游戏模式。

将孩子送到同一所幼儿园的家长们大多都比邻而居，有些彼此可能早就熟识，若各自的孩子能融洽相处地一起玩，就更令人开心，不过如果没有发现适合自己孩子的玩伴，他们就会向幼儿园老师打听第一线的最新情报。

"我家小宝贝平常最常跟谁一起玩啊？"

"理察最近常提到艾诺，他们是不是经常玩在一起？"

德国幼儿园的老师则会协助多方面观察孩子们的互动方式，有时家长彼此熟识，孩子却不见得会合拍，所以老师要了解并记录每个孩子最常黏在一起的玩伴是谁，还有凑在一块儿时最爱玩什么游戏。

虽然说是帮孩子"找"玩伴，但实际上选择权还是在孩子手上，幼儿园老师只是帮家长留意孩子在园所里的交友状况，好让家长可以替孩子发声，约好朋友出门。如果家中小宝贝不是特别喜欢跟对方玩，就算这个孩子十分符合家长眼中"人见人爱"的理想玩伴标准，德国家长也不会特别纳入考虑。

幼儿园里快满三岁的妮娜，最喜欢唱歌跳舞，好奇心旺盛的她对任何学习活动都表现积极。妮娜来自单亲家庭，担任牙医的妈妈气质高雅又非常和善有礼，尽管工作忙碌，却总是会拨冗参加幼儿园的大小活动，是幼儿园里所有老师公认最有好感度的家长之一。

有天下午她来接妮娜回家的时候，突然问了我一句："妮娜是不是常常跟诺亚一起玩？最近她在家常常提到他。"

"是啊，最近两个突然变得超级要好。有时候午觉一醒来就会吵着要找对方玩呢！"我笑着说，"可能因为最近诺亚也开始在幼儿园待得晚一点，两个人单独玩的机会多，就慢慢变成好朋友了。"

妮娜妈妈一听就说道："那太好了，之前她从来没有特别提到谁的名字，这还是第一次。那诺亚的妈妈也差不多这时间来接小孩吗？"她问。

我想了一下，回答说："周五可能会早一点，不过大致上差不多时间。"

过一阵子，有一天下午诺亚妈妈来接小孩的时候，我们在走廊上聊了一下孩子的状况，没多久妮娜的妈妈也下班来接孩子回家了，我顺势介绍她们认识。双方都非常开心，因为老早便从各自小孩的口中知道对方小孩的名号，久闻其人，便显得分外亲切。

"你就是妮娜啊？诺亚每天都在说你的事喔！"

没一会儿，两位妈妈似乎一见如故，话题一打开聊得很投机。转身向我说再见后，双方就带着小孩一起到附近的公园继续玩。

妮娜和诺亚常常玩在一起后，除了我之外，几位德国老师也注意到，两个小孩的语言和情绪发展都进步很多。妮娜比诺亚大了几个月，所以她在游戏中时常主导、带着诺亚一起玩，不仅出主意，

老师会观察孩子们的互动方式，记录每个孩子最常黏在一起的玩伴是谁，凑在一块时最爱玩什么游戏……

也会帮忙照顾个头还小的诺亚，有时还有模有样地提醒诺亚一些生活常规。**大家都看得出来这个妈妈宠爱有加的独生女，变得更懂事自立了。而两岁的诺亚原本害羞怕生的个性，也因为妮娜的陪伴而变得开朗有自信了起来。**尤其是语言方面的进步特别明显，已经可以掌握三个词语的短句子，连带地和班上其他小孩的互动也变得比以前热络。

在那之后，两位妈妈就很有默契地会差不多时间来接小孩，接完小孩后会一起到附近的公园散散步。有时适逢周五，也会带着小孩到对方家做客。很多德国父母会像妮娜和诺亚妈妈一样，为幼龄孩子安排游戏约会。

游戏约会不仅对孩子有益，对双方家长来说，也是增加后援的好机会。因为偶尔遇到棘手的问题时，可能会有人恰好可以扮演"救火队"或是"智囊团"的角色。对单亲爸妈，或是配偶在外地工作而需要长期独自照顾小孩的人来说，这样的支援有时真的十分需要。特别在邻里关系疏离的大城市里，如果身边的亲友没有差不多同龄的小孩，或许可以从孩子在幼儿园的好友群里寻找可以一起游戏约会的对象。

游戏约会不仅对孩子有益，也是双方家长增加后援的好机会，遇到棘手问题，还可当"救火队"或是"智囊团"。

慎选留宿同学的家庭，比几岁开始留宿更加重要

稍大一点的孩子，大概从五岁开始，就开始会有有机会去幼儿园的好朋友家过夜的经验。在德国，孩子们的生日派对，父母一定都会邀请孩子在幼儿园里的几位好朋友一起到家里玩。生日派对会依孩子的喜好做不同的主题设定，例如：足球、火车、马戏团或是小女生的最爱——迪斯尼公主裙。这样的生日派对，由于考量到空间上的限制和准备起来更方便，通常是"孩童限定"。换句话说，家里的小孩若是受到班上同学生日派对的邀请，家长会在当天把孩子送到对方家，之后再根据双方约定的时间来把小孩接回家。如果适逢连假或寒暑假，一群孩子们在小寿星的家里庆祝后留宿的例子也不少见。

除此之外，德国幼儿园的毕业旅行常常是三天两夜去农场过夜的行程，这趟旅游是禁止父母陪同的。虽然说毕业旅行的参与并非强制性，但是一般的德国家长普遍认为若孩子不是很排斥，这将是孩子学习独立的一个历练，所以原则上都会鼓励孩子参加。

从我们幼儿园举办经验来看，十几年来只有少数一两位孩子感到不安而需要打电话通知家长半途接回家，绝大多数的孩子都玩得十分尽兴。也或许是基于幼儿园传统的过夜旅行，使得德国家长对于五岁以上的孩子彼此互邀到对方家留宿的反应显得很淡然。

我猜想，我们的家长一听到幼儿园的孩子要独自在同学家过夜，大概多半会吓出一身冷汗，心想平常在幼儿园里就都玩在一块了，现在周末还互相邀请到自己家来个睡衣派对，他们才几岁啊？坦白说，一开始我发现幼儿园放暑假时，德国父母互相约定好孩子们在双方家各待上一个星期，也就是两个孩子一个星期在A家，另一个星期换B家里留宿，也觉得德国父母不知道是心脏太强，还是神经太大条。一直到在德国幼儿园工作了几年，接触的家长多了，有机会跟他们聊到这个留宿的观念时，我才慢慢理解德国家长不反对孩子到同学家过夜的想法。

德国父母相当重视孩子的社交生活，接孩子下课后，通常都会直接带到附近的公园里去玩一会儿，才会慢慢散步回家，不然就带孩子去健身房游泳；在汉堡的健身房甚至设有幼儿专属的迪斯科舞池，家长去健身时就顺便让小孩参加附设的其他儿童体能课程。

不少彼此聊得来的家长会相约一起带小孩出门，借由频繁的团体活动和游戏约会，孩子能有更多机会观察其他孩子在游戏场所的互动，进一步学习如何处理冲突且增进社交能力。所以，当孩子找到合适的玩伴，游戏约会进行了好一阵子之后的某一天，如果孩子主动表示希望去好友家参加生日派对并要留宿，德国父母并不会单纯只因孩子的年龄而禁止他们在同学家留宿；只要熟知对方家长和家庭背景，他们多半很乐见孩子能够有足够的心理强度，独自在同

偶尔让孩子离开家庭的舒适圈去体验一下也好。你会发现，孩子不在你身边的时候，往往能学到很多你教不来的东西。

学家留宿。

　　换句话说，对于幼龄孩子隔夜留宿这件事，德国家长的思考惯性，多数是倾向先去相信孩子的能力，认为孩子会玩得很开心，而不是提早烦恼可能发生的问题。就算预想到孩子也许会因为想家而哭，会玩通宵没睡好，或是半夜会突然生病发烧等等状况，都会理智地先一一排除掉。只要孩子觉得可以办到，便不会轻易地让自己的担心干扰孩子的独立行为。

　　"刚开始也会担心，不过担心的是他会在别人家捣蛋闯祸，哈哈！"一位德国妈妈听了我对留宿的一些疑惑后笑着回答，接着提到，"有些事是教不来的，孩子必须具体地从丰富的生活体验中找出一套与他人互动的方式，甚至你会发现，孩子不在你身边的时候，往往能学到很多你教不来的东西。例如在家的时候孩子可能老是翘着二郎腿等吃饭，一旦到了同学家作客，也许就自然地会帮忙摆餐具，用餐完后收拾碗盘，这种作客礼仪的进退之道，是过度保护下的孩子很难学到的，偶尔让孩子离开家庭的舒适圈去体验一下也好。"

　　聊完之后我发觉，原来德国孩子的每一步学习，全都是为了将来的独立做好准备。从两岁开始学习基本自理、自主学习、培养社交和冲突应变能力；四岁开始练习自己过马路，每次的校外教学不是走路就是搭乘公共交通工具……**当中国台湾父母认为让幼儿园的孩子单独过马路太危险，德国的父母想的却是孩子没学会自己如何过马路才叫危险。**如此迥异的教育思维，自然养成了孩子日后截然不同的生活态度。

PART 4
第四部分

呵 护！

孩子眼中的未来，远比父母想象中的更绚丽多彩

- - - - - - - - - - - - - - - - - - -

放手让孩子长大，
父母也别忘了随之二次成长

人生需要目标，但人生绝对不该只存在一个单一目标。

让孩子找到人生历程里属于自己的定位和热情，让"羡慕"这字眼在心中不留根蒂地剔除掉，他们才能持续地汲取内心的快乐泉源，往正向的目标迈进。

第二十三章

让孩子从小事练习做决定

——学习过程中，让孩子自己掌握方向盘

德国学前教育尽管对幼儿的生活自理能力相当要求，但是，对于幼儿园里所提供的不同学习活动，幼儿要怎么玩、怎么学习，却给予非常多的弹性与自由。

德国学前教育的优点，若不是这几年全职投入德国幼教工作近身观察，的确很难窥其全貌。

父母或老师一味觉得孩子还小，不需要有决定权，孩子就因此失去练习做决定的机会。

VS

孩子必须从小的决定开始练习起，然后累积经验，去明白每个决定所带来的结果。

尊重孩子的学习意愿大过家长的选择

德国各种幼儿教育思想流派，概括而论以户外自由玩乐（Freispiel）为学习主轴，主题教学（Projeckt-thema）为辅。而这样全然以幼儿为主体的全人教育，不仅仅为孩子带来快乐的童年，还有主动探索的学习能力，以及对其一生都无比重要的自我价值的建立。

学习过程中，留给孩子自我探索的部分若相对缺乏，孩子在未来的成长过程中，可能得费更大的气力来获取外在的认同感。因为在孩子的理解中，"发现"和"创造"的能力是不被要求的，取而代之的是学会如何高效率复制拷贝课堂上的学科知识。很多孩子忙着学东学西，甚至连停下来认识自己、了解自己喜好的机会都少得可怜。

我们的多数孩子大概从3岁开始进入幼儿园就学。入学日当日幼儿园会发给家长所谓的学期计划表，里面细载着每周的学习科目和学习进度。然而，多数中国台湾家长眼中漂亮扎实的课程内容，在我所认识的德国家长中，只怕无法获得任何一位的认同。理由很简单，这样的课程并未将孩子爱玩的天性纳入设计考量，学习内容

学习时，若缺少了自我探索的过程，孩子未来可能得费更大的气力来获取外在的认同感。

上孩子们也没有选择的主动权。

我们幼儿园除了每个星期二的艺术创作课和星期三的说故事时间，几乎天天带着孩子去公园跑跑跳跳。德国人常说："Es gibt kein schelechtes Wetter, es gibt nur falsche Kleidung!"意思是，只要你衣服穿对就没有所谓的坏天气。

户外自由玩乐能帮助孩子培养建构和创造的能力，大自然里随地是玩乐的素材；而充分的游戏时间，则让孩子逐步养成主导性的学习能力。

德国幼儿教育中，在这个发展阶段"学会怎么自己玩"是绝对重要的课题。

另一方面，每一学期幼儿园的老师们都会共同讨论出一些主题教学的课程，星期二有艺术创作课，星期三是说故事时间，家长们也可以额外自费帮孩子报名儿童瑜伽课和陶土课。

我的经验里，德国父母从来不在乎孩子会拼出几个单词，或是算术能力的程度为何。他们主要的考量是如何满足孩子的身心健康需求——让爱动的孩子去跑去跳，让偏好静态创作活动的孩子可以尽情挥洒。

可想而知，以孩子意愿为最高奉行原则的课程很难制式化。

德国人认为，人终其一生都必须和大大小小的决定过招。孩子必须从小的决定开始练习，然后累积经验，明白每个决定所带来的结果。

有时下了两天的大雨，孩子们无法去外头玩，隔天若天气好转，我们会毫不犹豫地舍弃事先安排的室内教学课程，带着早已按捺不住的孩子们出外放风去。除了户外活动，孩子若不想出去，也可自行选择留在园所里玩乐高积木或是黏土等其他活动。

就像前面所说的，孩子有学习的选择权，大部分的时候德国幼教老师会尊重孩子的学习意愿胜过他们家长的选择。

每一个德国幼教老师都清楚知道，德国父母最常抱怨的，从来不是小孩玩太多，而是玩不够！

举例来说，德国父母非常在意小孩每天有没有去户外跑跳发泄精力，因为有些家长工作下班后也实在没多余体力再陪孩子去公园玩。所以可能的话，都会希望幼教老师能带孩子多去外面走走。特别是天气好的时候，他们认为待在室内一整天，是一件非常折腾孩子的事情。

只是，孩子也会有不想出门的时候。有几个孩子会想留在园所做劳作，有些喜欢听故事。德国幼儿老师会在早餐的时候问每个孩子今天想做什么。万一孩子这天就是不想出门玩，老师们也不会坚持让孩子得依照家长的指示决定当天的学习活动。

一边放手让孩子做决定，大人也必须一边留意何时该踩刹车

让孩子从小练习做决定，是因为德国人认为，人终其一生都必须和大大小小的决定过招，每一个曲折都会指引人到不同的方向。

学习做决定也是自理能力中的一部分，孩子必须从小的决定开始练习起，然后累积经验，去明白每个决定所带来的结果。如果父母或老师一味觉得孩子还小，不需要有决定权，孩子就因此失去练习做决定的机会，不去思考，也就没有能力为自己做正确的判断与取舍。

在幼儿园里，孩子除了可以自主决定每天要参与的活动，其他的学习项目，德国人也给予孩子一定程度的空间，尊重孩子的每个决定。

譬如说，两岁大的孩子我们会开始问他们要不要试着坐马桶如厕，有的孩子看到其他大哥哥大姐姐坐马桶上厕所，也会想试试，有的则非常抗拒地直接说不！德国老师只会不厌其烦每天询问意愿，绝对不会勉强孩子作如厕训练。

而关于午餐的内容也是一样，在订制每个星期的午餐内容时，我们会给孩子两三个选择，他们可以从菜单中选出自己偏爱的菜色，从主食到佐料，小到两岁的孩子也可以自行决定。

大人不能轻视的一点是，让孩子做决定的练习必须是渐进式的，有些事情的决定对幼儿园年龄的孩子来说，仍超出他们能力所及。

曾经看过一位德国爸爸，放手让孩子做决定几乎已经到了被牵着鼻子走的地步，孩子闹脾气不想坐安全椅所以不想上车，他就一

孩子面对太多选项会削减兴趣和专注力，而感到无所适从，提供二至三个选项，让孩子从中练习如何做决定。

直等到孩子哭完，耗了一个小时，孩子愿意上车才上车。也有个德国妈妈因为拗不过孩子不想穿鞋，于是就真的让孩子光着脚来上学。

上述的两个例子，都只说明了大人可以让孩子练习做决定，但是务必注意决定范围的掌握权还是在父母手上，一旦幼儿园学龄的孩子做出无理且危险的决定，身为父母一定要坚守原则，让孩子明白，有些事就是没得商量。

家长或老师也要避免给孩子过大的选择范围，因为这年纪的孩子多半什么都想玩什么都想试，却往往缺乏足够的判断力和专注力。

当孩子说不想睡午觉的时候，大人如果回答"不想睡，那就到旁边去玩吧！"，孩子一听到可以玩，就开开心心地跑去玩了，但是过半小时你转身一看，这时所有的玩具都被倒出来玩一轮就扔在地上，孩子坐在散落的玩具堆里表情无聊，而无聊累积到一个程度，就可能开始捣蛋，甚至发脾气了！

会有这样的状况，是因为孩子面对太多选项会削减兴趣和专注力，所以当你给的选择范围太宽泛，孩子反而会感到无所适从。但这并不表示大人不该让孩子自己独立做选择，只是需要更有技巧地提供二至三个选项，特别是对于三岁以下的孩子，限制缩减选择反而帮助他们练习自控能力。

譬如说孩子不想午睡时，有别于其他时间的自由玩乐方式，午休时间德国老师通常只会提供几个静态活动让孩子选择，如看故事书、拼图或是剪纸，也会和孩子解释午睡时间我们之所以必须尽可能压低音量，是为了不干扰其他孩子的作息。**适时解释选项背后的**

缘由，不仅能帮助孩子从中去练习如何决定，家长也能机会教育孩子在不同的时间和地点，选择的范围是有其局限性的。

当孩子学会做好每个生活中的小决定，就可以慢慢放手增加每个决定的重要程度，例如要不要上才艺课、穿的衣物、午餐的内容等等。

由此可见，德国人从孩子很小的时候就开始训练孩子的主导能力，就算是二到三岁的幼儿，上了幼儿园，也绝非愣头愣脑地全由老师规划学习课程。每天这些小脑袋里都在忙着选择"今天玩什么好呢？"多给予决定的机会，孩子也就能多加练习去思考。借由活动解释、询问意愿，让孩子参与决定的过程，而非让孩子习惯被动服从大人的所有安排，才能真正强化孩子自发性的学习态度。

第二十四章

孩子和家长，双向沟通，双向学习

——关于老师和家长的自我成长

　　每次听到家长或老师发牢骚说"现在的孩子怎么越来越难教？"，我都会想起曾经待过的一所双语幼儿园，一位亦师亦友的校长在开校务会议时突然问我的一句话："凯特，依你多年的幼儿教育经验，你觉得现在的孩子有比以前难教吗？"

　　记得那时我想了想，回答说："我倒是没有感到现在的孩子比以前难教，不过我认为他们的确跟十年前的孩子不一样。他们比较敢发问，给的回应很快也很直接。"

　　校长微笑看着我说："很好，这代表你一直在进步。因为当老师开始觉得孩子越

"我每天追着孩子跑还不够狼狈？睡觉都没时间了，还能想到自我成长？"

VS

孩子两岁和十岁时的教养方法不可能不做任何调整，家长如果没有意识到与孩子同步成长的重要性，彼此间的距离会越拉越远。

来越难教的时候，就意味着他已经跟不上孩子的脚步，停止进步了。"

这段话一直记在我脑海里，也陪我走过教学生涯中大大小小的曲折，一旦遇到令人头痛的教育问题，就会在心中提醒着自己，每一个孩子都是一面镜子，往往能够反射出很多自身看不到的盲点，如果我觉得这孩子老是拖拖拉拉，反之也可能是我个性太躁进，缺乏耐心。

在德国工作后，我更是感到茅塞顿开，像是把心中长久堆积下来的思想淤泥逐一清空，脑袋又加满了新能量，可以呼吸的感觉的确很美好。

当大人停止成长，和孩子的代沟只会越来越大

我们幼儿园每年都会有为期两天的教育研讨课程，所有的教职员在课程中会对不同的议题进行讨论和经验分享。议题涵盖的范围颇广，除了怎么加强团队合作、增进亲师沟通，还有如何提供一份优质的幼儿教育等等。

其中最令人印象深刻的，是在有一次的师训中，我们谈到幼儿的心理健康，现场各个分校的老师全都分散成好几个小组来进行讨论，

> 每个孩子都是一面镜子，能够反射出自身看不到的盲点，如果我觉得这孩子老是拖拖拉拉，反之也可能是我个性太躁进，缺乏耐心。

每个小组讨论后要上台说明，到底幼儿园可以提供哪些渠道让孩子表达他们的意见。当下大家七嘴八舌地想了好几个方法：建立儿童议会、设置投诉板（Beschwerde Wand）让大一点的孩子可以写或画出自己不满的原因，对于小一点的孩子，则可以用笑脸/哭脸的贴纸或图卡，让他们有机会表达自己对参与某个活动的意见……

这些点子相信大部分的老师都不是第一次听到，我也不例外。我讶异的是，德国人从幼儿园就开始执行这样的制度，而且不仅仅是只在信念上推崇，实际上每一个德国幼儿园都努力地在深耕"以儿童为中心"的主旨，不断找出更好的方法来落实教育理念。

在德国人眼里，沟通应该是双向的，如果大人因为教养的责任和义务必须向孩子说"NO!"，那么反之亦然，孩子也应该能拥有向大人说"NO!"的权利，而义务和权利两者之间的轻重平衡，正是每一个家长和老师要做的功课。

"拜托，现在的孩子可会抱怨了！我们还要鼓励他们抱怨，不是给自己找事吗？"一位在教育领域工作多年的友人翻白了眼这样反问我。

我说："是没错，会抱怨的孩子当然有，但是我们就容易忽略不抱怨的孩子，他们不见得没有话说，他们可能只是习惯了隐藏自

"我允许你可以表达"和"你本来就有权利表达"这两种教养心态不能一概而论。孩子生来就有权力为自己发声，不应该被压抑，更不能剥夺。

己的声音。

"'我允许你可以表达'和'你本来就有权利表达'这两种教养心态是不能一概而论的。不是因为大人允许，孩子才有权力为自己发声，而是他们生来就有这样的权利，不应该被压抑，更不能剥夺。"

我之前在幼儿园任教时，也曾经参加过大大小小的师训，印象中针对幼儿园的师训主题有班级管理、游戏教学、英语话剧等等，好像从来没有一次提到过身为幼教工作者要如何引导孩子说出自己的声音这样的主题。对过去的我来说，这样的教育思维似乎只存在于理论中，跟实务是搭不上边的，能把教学成效做出来才是王道。

没想到，若干年后的我，却在德国体认到自己的不足，恍然明白，如果光有一身的教学技巧，却忘记督促自己在教育视野上与时俱进、在领域中持续成长，是无法成为一个优秀的教育工作者的。

双向亲子沟通，除了倾听，更关键的是要听懂

由于老师往往固定带某一年龄层的孩子，每一年经验的积累，都可以是日后教学生涯的养份。

相较之下，家长面对的教养课题显得繁杂多了，毕竟当父母的经验值是随着孩子的年龄慢慢堆叠的，**随着孩子一天一天地长大，家长所要克服的各种新挑战也紧跟着来，孩子两岁和十岁时的教养方法不可能不做任何调整，家长如果没有意识到与孩子同步成长的重要性，不难想见彼此间的距离会逐渐越拉越远。**

我认识几位在课堂上成功激发孩子学习兴趣的老师，多半自己对学习新事物也充满着热情，他们能够在教学的同时，从孩子身上获取新的能量。

换句话说，他们会在知识的给予者和接收者两种角色间转换，所以理想的师生关系不能只建立于权威式领导。

同理，我认为一段健康的亲子关系也理应如此。父母在积极与孩子沟通之外，最常忽略的一点，就是去好好地照顾自己，甚至因为忙碌而舍弃了对人生的热情。

"我每天追着孩子跑还不够狼狈？睡觉都没时间了，还能想到自我成长？"

这样的回答很常见。的确，当新手爸妈的前几年并不好过，但是父母自我成长这件事，不是等有空闲时间才去努力，而应该被视为涵括在儿童教养里的一个重要环节。

有些人当了父母之后，生活重心便严重偏倚，操烦孩子所有的大小事，不管是健康、交友、课业、升学，好像自己人生的其他方面，从当爸妈的那一刻就开始定格，不再往前迈进，却忽略了身为父母，也必须花点时间经营自己的生活，因为一个快乐、不断成长的父母，往往能更有效地掌握与孩子沟通时的诀窍。

现在孩子搜集信息的学习能力非常实时，招术使尽的爸妈可能会陷入"孩子越大越难管教"的挫败感，唯有不断成长的父母，才能有效掌握与孩子沟通时的诀窍。

要记得孩子会一天天长大，以前两岁的时候可以说服他的方法，到了六岁可能就不再管用，更何况现在孩子搜集信息的学习能力非常实时，这时招术使尽的爸妈可能就会陷入"孩子越大越难管教"的挫败感，许多沟通便在双方频率不同下草草收场。

因此，父母在花时间了解孩子之余，自我探索可不能就此止步，重新认识自己在当了爸妈后的心理转折，绝对有其必要性，**最重要的是，不间断的学习能帮助父母正确解读孩子使用的语言，理解彼此沟通过程中的分歧点，进而建立良好的亲子沟通模式。**

第二十五章

无论是谁，都无法一直赢下去

——有正向快乐的心，才能是真正的人生胜利者

过去这几年，透过社群网站的普及，不经意地，很多在我人生历程中慢慢淡出的人又浮现在眼前，这些人可能是过往的同学、同事，或者是上司，偶尔也出于好奇点进个人页面去看他们的现况，浏览着他们的近照，脑中再回想起那记忆里的当时人物的影像；现今的模样和过去的记忆对应困难时，也不禁会猜想在过去几十年间，他们各自经历了什么体验而被引领至今天的人生。

有一天透过朋友的页面，注意到一个人的名字，也许是因为她姓氏很特别的关

我们的教育无形中不断地让孩子在不知不觉中学会彼此比较、相互竞争，只会用单一标准去衡量所有的人。

VS

让孩子找到人生历程里属于自己的定位和热情，他们才能持续地汲取内心的快乐泉源，往正向的目标迈进。

系，我于是很快就想起来这是一位小学的同班同学。小时候的她白白净净，长得非常秀气，印象中她会交谈的同学很少，下课时也不像其他同学会在走廊上嬉闹奔跑。她总是那样恬静地做着自己的事，但班上没有一个人会忽视她，因为她是班上段考永远的第一名，老师们钦点的小老师，万年不败的优秀学生。

我想我会记得她，还有另外一个很特别的原因，因为她曾是我和其他小学同学某一次恶作剧的对象。

某次全班到外双溪出游，老师很贴心地帮大家拍了很多照片，照片洗出来后贴在教室后面的布告栏上。突然不知道是我们之间谁提议的，趁没人注意的时候拿出修正液把照片上这位女同学的双眼涂白；虽然我们平常并没有故意欺负她，不过在那样不成熟的年纪，我们谁也没有阻止谁地就让这恶作剧发生了。结果她看到自己的照片被恶搞后哭了，这场恶作剧当然马上就被传开来，老师怒气冲冲地质问是谁干的好事。我们只好举手自首，向老师认错，跟女同学道歉。

至于在那么多同学的照片里，为什么偏偏选上她，我想是因为捉弄平常形象乖巧的女同学，似乎比捉弄班上的丑角人物有趣得多，而当时我们四人在班上，是被归类于成绩普通却非常调皮爱捣蛋的

大人们擅自替孩子为所谓的成功找方向，为快乐下定义，丝毫不明白"成功必然会带来快乐"是个似是而非的假设，因为快乐是一种必须从个人内心养成的能力，快乐的定义也因人而异。

黑五类，她之于我们，仿佛就是光明的天使。也许小时候的我们曾经不自觉地羡慕过她，羡慕她即使行事低调安静，还是无法让人不正视她的存在，而我们那时还没有足够的能力去消化那样纠结的情绪，所以才会演变成那一桩恶作剧。

毕业后的头几年，有过两三位热心的同学陆续办了几场人越来越少的同学会，从一位同学口中得知她因为成绩优异进了北一女中，后来也出国留学去了。只记得当下几位同学顿时七嘴八舌地讨论起她来，大家都认为这是她必然的人生发展，如同毕业纪念册大家常写上的祝福语，从此一帆风顺。而我后来在她个人的社群页面瞥见的近照和生活动态，和小时候的她对比之下也丝毫没有违和感，一样是非常秀气典雅的模样，看起来生活过得挺惬意满足。我着实替她开心，但说实话我并不羡慕她过的日子，而我猜想，她应该也不会想要体验我的人生吧？

人生不能用单一标准衡量，也绝对不该只有单一目标

羡慕。我心里突然闪过了这个词。

原来，我们的教育无形中不断地让孩子在不知不觉中学会彼此

> 人生需要目标，但人生绝对不该只存在一个单一目标。让孩子找到人生历程里属于自己的定位和热情，才能持续地汲取内心的快乐泉源，往正向的目标迈进。

比较、相互竞争，只会用单一标准去衡量所有的人，因此我们常常不由自主地感到渺小，羡慕那些被老师所承认的课业优异的同学，羡慕别人拥有自己所缺乏的东西。

认真回想起来，学校虽然大都标榜着"因材施教"，但实际上却是拼命地把每一个孩子都赶往一个窄路上，大声宣呼着那才是唯一正确的方向，所以孩子们都毫无选择地想奋力超越别人，在路上能把一个推倒是一个，满心期盼着攀上峰顶的那一刻，享受胜利的喜悦。

谁都无法否认，胜利所带来的快乐让人着迷，但充其量这也是人生之一的快乐形式，并不是所有快乐的总和。倘若孩子们依循大人的期待而只学会认同这种求胜后的快乐，之后在某一天若失去了快乐的能力，也不叫人意外，因为在人生的路上，没有一个人能一直当个胜利者，人生也不是一场你争我夺的竞赛。

不管我们喜不喜欢，总是会有比我们聪明、反应快、年轻、家世显赫或善于社交的人，**如果我们的教育一再引领孩子走向一条强调胜利的窄路，他们自然不会懂得如何追求来自内心、不假外求的快乐。**

大人们总是擅自替孩子为所谓的成功找方向，为快乐下定义，却丝毫不明白"成功必然会带来快乐"是一个似是而非的假设，因为快乐是一种必须从个人内心养成的能力，快乐的定义也因人而异。

无可否认，人生需要目标，但人生绝对不该只存在一个单一目标。让孩子找到人生历程里属于自己的定位和热情，让"羡慕"这字眼在心中不留根蒂地剔除掉，他们才能持续地汲取内心的快乐泉源，往正向的目标迈进，而每个人要走的路既然不尽相同，便无所谓超前或落后。

看清楚自己，才能走对方向，迎向快乐

我在小学到高中的求学阶段，历经了几波曲折。中学一度被编进实验班，却因为天性爱玩、无法忍受每天枯燥的密集考试轰炸而自愿退班，成绩不上不下地进了校风甚严的私立高中，叛逆的我于是开始有吃不完的苦头。

我记得那时每天强迫留晚自习到八点，学校预计将高中三年的课程花两年提前念完，高三那一年才有时间冲刺考大学。硬着头皮撑了一整年每天都睡不饱的日子，终于忍无可忍在某一天向爸妈表示我不想读高中了。

"我实在无法理解，在这样的教育下能学到什么有用的东西？"我生气地接着丢了一句话，"如果我不读高中了你们觉得怎么样？"

爸爸沉思了一会儿，没有苛责我，只平静地说：**"我尊重你的决定，你当然可以选择不要读高中，但想好自己要做什么了吗？不**

盲目地以他人为目标，无法为孩子带来心灵的满足与快乐，孩子不能做自己便不可能快乐得起来，而不快乐的人，又何来胜利可言？

升学，你就会比较快乐吗？"

爸爸的反问瞬间让我跌入长长的思绪中，原来我压根儿连自己的喜好都不清楚，怎么可能会对未来有任何具体的想法？爸爸的话像是一个契机，逼迫着自己去思考，我了解到自己不是不爱念书，只是厌恶僵化的制式学习，我当下便决定要转学，因为明白留在那样蛮横的教育制度下的自己会有多不快乐。

转学进入新学校就读后，我试图找出自己学习的步骤，不爱的科目就完全舍弃不念，非常幸运地遇到很支持我的老师，在苦读了一年后考上自己的理想科系，而过程中，我的父母和老师从来不曾干涉我的任何决定。

从现在看来，十六岁的我所一度面临的难题，是一种自我价值不被承认的彷徨与无助。我们的教育体制中最大的矛盾点在于，孩子们往往被要求找到自己之前，就得先把"成功的某人"当作模范来仿效，因为那是他们唯一能获得认同的方式，就好像不跟着大家朝同一个方向走，在群体里就完全失去了存在感，就会被流放至毫无希望的蛮荒之地。

而在德国的教育理念里，这却是本末倒置的做法，因为盲目地以他人为目标，无法为孩子带来心灵的满足与快乐，孩子不能做自

只要能够具体实践专属于自己的理想生活，保持一颗正向快乐的心，人人都可以是人生胜利者。

己便不可能快乐得起来，而不快乐的人，又何来胜利可言？

我想，三十几岁的我听到以前同学的成就不再觉得羡慕，是因为已经明白所谓的幸福可以有很多种样貌，并打从心底满足于自己眼前的生活。我固然为他们成功达阵的人生目标感到喜悦，但我更清楚明白，只要能够具体实践专属于自己的理想生活，保持一颗正向快乐的心，人人都可以是人生胜利者。

第二十六章

和孩子的每日"单独约会"时光

——暂时放下琐事，全心全意地陪伴孩子，亲子关系大跃进

总是这样，人到家了脑袋还留在办公室里转个不停，忙完公事还有家事等着做，好不容易坐下来吃晚饭时，一边还看着电子邮件，或是盯着手机回复信息，接着帮孩子洗澡、盯功课，让孩子小玩一下后，哄他上床睡觉，过程中还得记得拿出联络本签名，好像每分每秒都得按表操课，不然事情永远都做不完。

因为事情太多而导致亲子时间被压缩，是许多现代父母普遍面临的一个问题，特别是双薪家庭或单亲家庭，这种被一堆事情追着跑的感受可能特别强烈，心里固

爸妈每天花时间带着孩子去公园玩，自己却不发一语只坐在一旁的长椅上看手机回复公事。

VS

每天在孩子睡觉前都会设定一小时的亲子时间，既然决定了这是和孩子两人的专属时间，就会努力谢绝外务的干扰。

然也想多陪陪孩子，也希望能有优质的亲子共处时间，现实情况下却根本很难做到，只能周末或休假日带全家出去走走。

然而，此刻在我脑中闪过的几个小时候和爸妈相处的画面，其实却不见得和假日出游的行程联结，反倒是几个固定且日常的活动会勾起我的回忆，而这些回忆都充满了生活里简单的快乐。

记得那时哥哥姐姐都在上小学高年级，而一年级的我只需上半天课，所以下午时间偶尔会跟着妈妈去美容院做脸，或是去书局翻翻书，两人手牵手去菜市场买菜，再一起走着长长的路回家。**小时候的我非常享受"独占"妈妈的宝贵时光，心里有满溢的幸福感。**爸爸即便忙于工作，下了班之后，再累也会花时间跟我们聊聊天，带着我们去运动场打篮球，或是全家一起动手洗车；当时我们丝毫不觉得洗车是件累人的苦差事，只感到很好玩很有趣，因为全家人在一起。

坚持工作家庭平衡，陪孩子的时间不能被打扰

身为父母，心里想给予孩子的东西往往很多，除了爱，也总是希望提供孩子好的教育环境和物质生活，但是很多时候这些想法下

陪孩子聊天、散步，看似微不足道的生活点滴，他们在心里会接收到"我是重要的"的讯息，这是孩子建立安全感的稳定来源。

做的决定，却在无形中牺牲了自己真正珍视的亲子关系，常常忽略了孩子最需要的只是陪伴，只要爸妈能够心无旁骛地跟着孩子一起聊天、一起散步，这些看似微不足道的生活点滴，会一天一天慢慢累积成孩子心中的幸福堡垒，他们在心里会接收到"我是重要的"的讯息，这是孩子建立安全感的稳定来源。

"工作之外，剩下的时间根本少得可怜，当然要加倍利用！"我想有些爸妈会在心里这么想。这话乍听之下似乎没错，但是实际上对增进亲子关系来说，却可能是在白做功。如果爸妈每天花时间带着孩子去公园玩，自己却不发一语只坐在一旁的长椅上看手机回复公事，这样几乎等于**零互动的陪伴模式，就算时间再长，也很容易让孩子感到自己被忽略**。因此，如果实在不能在跟孩子相处时间的"量"上取胜，至少要确定有优质的亲子共处时光。

我所认为的优质的亲子时间，"专心"和"轻松"是两大绝对要素。试试看，每天设定一个小时，把手机调静音、电视关掉，全心陪孩子一起看看书、画画涂鸦、做运动或玩乐高积木都可以，陪孩子做些他们喜欢的事情，尽可能避免在陪孩子的同时，也在处理其他的琐事，才不会让相处的质量打折扣。

德国人对在家庭和工作之间取得平衡相当坚持。我认识一位德国妈妈，每天也是工作杂务缠身，忙得不可开交，但是她说每天在孩子睡觉前都会订一小时的亲子时间，陪一岁多的儿子听音乐跳舞，然后洗完澡后再帮孩子全身按摩（Baby Massage），帮助他放松入眠。她觉得既然决定了这是和孩子两人的专属时间，就会努力谢绝外务的干扰。

其实仔细想想，以一年52个周末计算，孩子一出生到上中学的周末一共600多个，如果再扣除已经过去的周末，其实父母真正能陪伴孩子的时间并没有想象中的多，因为等孩子慢慢大了之后，会开始有自己的朋友和生活圈，这时的**亲子时间只会逐渐递减，爸妈只要能在每天将亲子活动时间排进心里的行事历，不要只是等到周末，善用每天的零碎时间，积累起来，绝对能帮助亲子关系加温。**

单独约会模式，让孩子的心快乐得跳起舞

在中国台湾的幼儿园任教时，有一个班级我从幼小班开始一连带了好几年，对这个班上的孩子都非常疼爱。那时其中有四个孩子因为想要进入市区有名的私立小学就读，必须在中班时转校，心里非常舍不得，我于是想在孩子在幼儿园的最后一天帮他们创造一个特别的回忆。

在告诉孩子我的想法前，我事先知会孩子们的家长，表示想利用我个人两小时的午休时间，单独带孩子到附近的餐厅用午餐，来一场午餐约会。因为多年来跟家长已建立良好的信任基础，家长们

德国人对在家庭和工作之间取得平衡相当坚持。既然决定了这是和孩子两人的专属时间，就会努力谢绝外务的干扰。

都非常赞成这个提议。我于是分两次进行，一次只带上两个孩子，带着孩子到附近的餐厅用餐，让他们选择自己喜欢的餐点，开心地聊天，度过一个美好的下午。

有了家长们的外出许可后，我告诉四岁的孩子们要单独带他们出去午餐约会的计划，他们全都兴奋得不得了，眼里顿时闪着光芒，其中两位小女生在那天还穿了质感出众的小洋装盛装赴约，连在过马路的时候，脚步都好像是在开心地跳着舞。

就像当天和我一起午餐约会的孩子的心情一般，每个孩子都喜欢一种私人独享的宠爱模式。特别是对有兄弟姊妹或是身为双胞胎的孩子来说，跟爸妈相处的时间常一再被瓜分掉。如果家中刚好有新生儿，幼儿园学龄的孩子会对自己是否受到爸妈同等的关爱变得敏感，甚至可能觉得自己不被重视而想出方法来引起爸妈的注意力。这时，爸妈不妨多花一点心思，安排"单独约会"来巧妙化解孩子的关爱被剥夺感。

所谓的"单独约会"，是指建议爸妈们除了每日固定的亲子时间，可以各自陪孩子一起规划出喜欢的活动。因为除了天生性情和兴趣的差别，不同年纪的孩子喜欢的东西也天差地远，如果每次都一起行动，难免有孩子是被迫将就的一方，**"单独约会"让爸妈有机会好好听听家里每个孩子的声音，并了解到他们的不同心理需求，手足之间偶尔难免的争宠心态也能获得缓和。**

举例来说，爸爸可以每个星期二陪五岁的哥哥去练习骑脚踏车，妈妈则待在家和妹妹一起烤饼干，然后改天四人两组再互相对调各自分别讨论出喜欢的活动。这样单独一对一的相处模式，不仅孩子喜欢，对大人来说也比一打二来得轻松，还能营造格外轻松愉快的亲子约会时光。

每个孩子都喜欢私人独享的宠爱模式。爸妈不妨多花一点心思，安排"单独约会"来巧妙化解孩子的关爱被剥夺感。

德国幼儿的自我表达课

不是孩子爱闹情绪，是她/他想说却不会说！

作者：庄琳君
定价：59.00元

台湾著名教育家洪兰推荐并作序

新浪育儿主编黄晓莉郑重推荐

19堂3个阶段儿童语言能力训练课

幼儿园培训教材　新教师上岗必备工具书

案例式示范和解读　体验式、沉浸式教学法

系统阐述学说话→学表达→学沟通的学习练习过程，呈现实际案例与具体做法，让孩子说出需求、意愿，打好独立自主基础，从日常生活学会觉察情绪、同理他人、处理冲突，构建全方位能力养成之道。

9节课，教你读懂孩子

妙解亲子教育、青春期教育、隔代教育难题

★ 最美的教育给孩子，最好的方法给家长

★ 领会普通、平实的家庭教育，让教育有序、有趣、有效

定价：39.80元
中国青年出版社出版

亲子教育 | 从为人父母那一刻起，你就是"孩子的第一任老师"，任何孩子的优秀都不是横空出世的奇迹，它的因，在家庭；它的根，在父母。

青春期教育 | 读懂孩子，避免亲子教育不当为青春期埋下隐患，提前为青春期的备课：预案—倾听—包容—帮扶—与孩子共同成长，有备才能无患。

隔代教育 | 不是一无是处，儿女读懂父母的恩，父母读懂儿女的难，在"代沟"中求和谐，化解"微妙亲情"产生的"心理暗伤"。

智能课堂设计清单

帮助教师建立一套规范程序和做事方法

作者：[美] 史蒂夫·斯普林格
布兰迪·亚历山大
金伯莉·伯斯安尼

定价：49.90元
出版社：中国青年出版社
ISBN：978-7-5153-5298-5

获美国《学习》杂志"教师必选奖"

获《中国教育报》"教师喜爱的100本书"奖

加州大学洛杉矶分校（UCLA）等名校追捧的课堂管理模式

美国教育界"金苹果"奖、麦格劳-希尔奖明星教师经典之作

这是一个真实的课堂，有趣极具吸引力的智能课堂；一套系统、严谨的规范程序，一条清晰的成长路径；100多种清单、图表、范例、步骤和方法，简单、具体、高效，可直接复制，让课堂教学秩序井然；用设计"清单"，持续、正确、高效地把工作做好，确保学生获得更为有效的学习体验。

◎ 智能教室布置设计　　　◎ 行为管理方法

◎ 课堂管理工具箱　　　　◎ 教室外活动清单

◎ 课堂教学技巧　　　　　◎ 课程标准和要求

◎ 考试和评估清单　　　　◎ ……